圖書在版編目(CIP)數據

相臺書塾刊正九經三傳沿革例：二種 /(元) 岳浚撰. —上海：上海古籍出版社,2024.5
ISBN 978-7-5732-1133-0

Ⅰ.①相… Ⅱ.①岳… Ⅲ.①經籍–研究–中國–元代 Ⅳ.①Z126.274.7

中國國家版本館CIP數據核字(2024)第079050號

相臺書塾刊正九經三傳沿革例(二種)

［元］岳 浚 撰

上海古籍出版社出版發行

(上海市閔行區號景路159弄1-5號A座5F 郵政編碼201101)

(1)網址：www. guji. com. cn

(2)E-mail：guji1 @ guji. com. cn

(3)易文網網址：www. ewen. co

上海麗佳製版印刷有限公司印刷

開本 890×1240 1/32 印張 7.5 插頁 6

2024年5月第1版 2024年5月第1次印刷

ISBN 978-7-5732-1133-0

B·1392 定價：68.00元

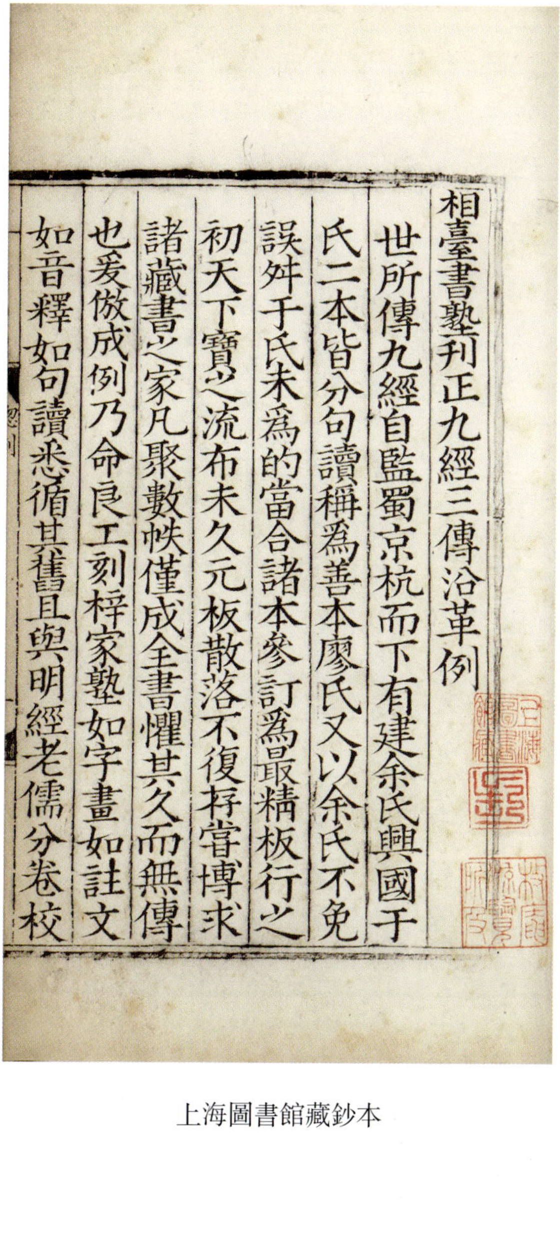
相臺書塾刊正九經三傳沿革例

世所傳九經自監蜀京杭而下有建余氏興國于氏二本皆分句讀稱爲善本廖氏又以余氏不免誤舛于氏未爲的當合諸本參訂爲最精板行之初天下寶之流布未久元板散落不復存嘗博求諸藏書之家凡聚數帙僅成全書懼其久而無傳也爰倣成例乃命良工刻梓家塾如字畫如註文如音釋如句讀悉循其舊且與明經老儒分卷校

上海圖書館藏鈔本

畫」一節，主要討論了群經版本中的用字及刊刻經書時正定文字的依據；「註文」一節，多舉以疏文校正補足注文之例；「音釋」一節，列舉了諸經所附《經典釋文》的問題；「句讀」一節，討論了建本、蜀中字本、興國本對經注文本斷句的得失；「脱簡」一篇，點明了興國于氏本對《禮記》中《玉藻》《樂記》《雜記》等篇次序的更定；「考異」一篇没有明確的主題，其内容爲條舉校訂群經文字的札記，其中涉及避諱等專題問題。《沿革例》書後附有「公羊穀梁傳」、「春秋年表」、「春秋名號歸一圖」三條，係岳浚對翻刻廖瑩中世綵堂本《九經》時所增添内容的介紹。

《沿革例》一書，雖卷葉無多，但其中討論的問題與著録的内容都極爲重要。從經學文獻的版本來説，《沿革例》一書中著録了不少早期經書刻本，且記録了這些版本的一些特徵，爲早期經書刻本的研究提供了重要的線索。如自一九九七年以來陸續出現在拍賣市場上的宋蜀刻《春秋經傳集解》，研究者即據《沿革例》「建本、蜀中字本則附音於注文之下，甚便翻閲」的記載，確定此本爲「蜀刻中字本」。對於校勘學來説，《沿革例》同樣具有重要的價值。《沿革例》在注文、音釋等節中總結出的校勘條例，眉目清晰，具有理論高度。其中提出的正定字形、回改諱字等校勘理念與以疏文校注文等校勘方法，則直至今日仍然被廣爲使用。因此，《沿革例》不僅是一部重要的經學文獻研究專題著作，同樣是一部重要的校勘學著作。《四庫全書總目》評價其「參訂同異，考證精博，釐舛辨疑，使讀者有所據依，實爲有功於經學。其論字畫一條，酌古準今，尤屬通人之論也」，不爲無因。

《沿革例》在成書之處，當附刻於岳本《九經》，然岳氏原刻本《沿革例》未見傳世。錢曾收藏有一部《沿革例》，《述古堂書目》著録爲「宋板」，顯然是出於岳珂刊刻《九經》的認識。但錢曾既然將其著録爲「宋板」，可見此本係刻本而非鈔本，當即岳氏原刻本。此本其後不詳所在。又鮑廷博云《傳是樓書目》著録有宋刻《沿革例》，但今傳各本《傳是樓書目》均無宋本《沿革例》之著録，頗疑此係鮑氏誤記。錢曾所藏岳氏原刻《沿革例》雖然無傳，但錢曾當對此本進行影鈔，今國家圖書館與上海圖書館均藏有出於錢曾影鈔本一系之鈔本。從錢曾影鈔本一系的鈔本來看，《沿革例》之原刻本可能爲半頁八行，行二十字，其間不避宋諱。嘉慶道光間吴志忠所刻《璜川吴氏經學叢書》中收録的《沿革例》，就是出於這一系的鈔本。因《沿革例》長期被認爲是岳珂所撰，因此在《沿革例》的傳鈔流傳當中，出現了對錢曾一系鈔本進行改易，以求接近時人觀念中宋刻岳氏《九經》面貌的現象。如北京大學圖書館藏有一部汪喜孫、李盛鐸舊藏的《沿革例》，其字體與錢曾一系鈔本相類，但行款被改爲半頁八行、行十八字，與岳本《九經》的八行十七字更爲接近。其中宋諱如「玄」、「殷」等字，均缺末筆。北大本鈔寫精工，係嘉慶間汪昌序刊刻《沿革例》之底本。而民國間張鈞衡擇是居號稱據傳是樓影鈔本刊刻《沿革例》，其實所據爲汪昌序刻本，且有所校改。清代其他《沿革例》版本，如任大椿刻本、鮑氏知不足齋本，則率出輾轉傳鈔之本。

由上所述，可知清代流傳的《沿革例》，其源頭均出於錢曾所藏之岳氏原刻本，現存錢曾影鈔本一系鈔本保留了《沿革例》較爲原始的面貌。其後自北大藏影鈔本、汪昌序刻本、張鈞衡刻本一系，則爲遞經改動以求接近宋本面貌的産物，可以説是時人觀念中作爲岳珂所撰《沿革例》應有之面貌。同時，北大藏影鈔本中還有不少校改痕跡，亦反映在汪昌序刻本與張鈞衡刻本中。

此次影印的《沿革例》二種，其版本各有特色：

其一爲國家圖書館藏本，鈐虞山瞿氏「鐵琴銅劍樓」印，《中國古籍善本書目》、第四批《國家珍貴古籍名録》著録爲「清初錢氏也是園影元鈔本」，末頁有吴志忠硃筆題記：「嘉慶庚辰歲依是本付刊入《經學叢書》丁集中。」可見爲吴志忠《璜川吴氏經學叢書》中所收《沿革例》之底本。此本舊著録依據爲每頁左欄外側上端有「虞山錢遵王也是園藏書」字樣，而將其定爲「影元鈔本」而非「影宋鈔本」，顯然是接受了張政烺先生的正確意見。今諦審其書，邊欄外「虞山錢遵王」等字樣並非鈔書格紙印記，均係用筆寫上。又上海圖書館藏有一部《沿革例》鈔本，其行款、字體，乃至鈔書格紙之斷板痕跡，均與此本同，但頁面左欄外無「虞山錢遵王」等字樣。結合二本均無任何錢曾藏印，可知二本均係自錢曾影鈔本再次影鈔。又因二者所用紙張爲同板印出，因此二本極可能出自同一人之手，其差别僅爲國圖藏本保留了錢曾也是園這一信息，上圖藏本則僅就底本影鈔正文。此本雖非「清初錢氏也是園影元鈔本」，但保留了《沿革例》較爲原始的面貌，係《沿革例》最佳版本之一，因此據以影印。

其二爲上海圖書館藏汪昌序刻本。如前所述，此本係據錢曾一系鈔本進行改動，以求接近「宋本」面貌之産物。此本刊刻精工，雖經清人校改，但其校改反映出清人對岳本《九經》及《沿革例》之認識。因此刻本較爲稀見，故一併影印。此本鈐「蔣抑卮藏」、「合衆圖書館藏書印」二印，原係蔣抑卮先生（一八七四—一九四〇）藏書，後捐入合衆圖書館，著録於合衆圖書館所編《杭州蔣氏凡將草堂藏書目録》。

另外，我們還輯録了任大椿、伍崇曜粤雅堂、張鈞衡擇是居三個本子刻書序跋，與張政烺先生《讀〈相臺書塾刊正九經三傳沿革例〉》一併編爲附録，以供讀者參考。

由於《沿革例》一書版本較爲複雜，叙述中不當之處，還請讀者批評指教。

目録

影元鈔本

相臺書塾刊正九經三傳沿革例

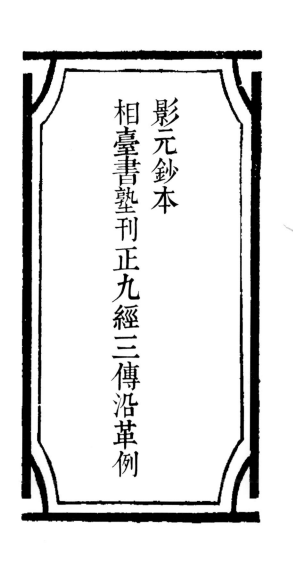

據國家圖書館藏清影元鈔本
影印原書版匡高二十點五厘
米寬十三點四厘米

相臺書塾刊正九經三傳沿革例

世所傳九經自監蜀京杭而下有建余氏興國于氏二本皆分句讀稱爲善本廖氏又以余氏不免誤舛于氏未爲的當合諸本參訂爲最精板行之初天下寶之流布未久元板散落不復存嘗博求諸藏書之家凡聚數帙僅成全書懼其久而無傳也爰倣成例乃命良工刻梓家塾如字畫如註文如音釋如句讀悉循其舊且與明經老儒分卷校

勘而又證以許慎說文毛晃韻略非敢有所增損於前偏旁必辯圈點必校不使有毫釐訛錯視廖氏世綵堂本加詳焉舊有總例存以為證

書本

九經本行於世多矣率以見行監本為宗而不能無譌謬脫略之患（監中大小本凡三歲久磨滅散落未有能脩補之者）蓋京師胄監經史多仍五季之舊今故家往往有之實與俗本無大相遠（晁公武云公武守三榮嘗對國子監所模長興版本讀之其差

誤蓋多昔議者謂太和石本授寫非眞時人弗之許而以長興版本爲便宋朝初遂頒布天下收向日民間寫本不用然有訛舛無由參校判知其謬獨以爲官既刊定難於獨改由是而觀石經固脫錯而監本亦難盡從紹興初僅取刻版於江南諸州視京師承平監本又相遠甚與潭撫閩蜀諸本互爲異同柯山毛居正誼父以其父晃所增註禮部韻乾淳間進之朝後又校訂增益申明於嘉定之初其於經傳亦既博攬精擇辛巳春朝廷命胄監刊正經籍司成謂無以易誼父遂取六經三傳諸本參以

子史字書選粹文集研究異同凡字義音切豪氂必校儒官稱歎莫有異詞刊修僅及四經猶以工人憚煩詭竄墨本以給有司而誤字實未嘗改者什二三繼欲脩禮記春秋三傳誼父以病目移告事遂中輟自時厥後無復以爲意矣余每惜之誓欲脩刊有所未暇且以世所傳本互有得失難於取正前輩謂興國于氏本及建余氏本爲最善建詳考之亦此善於彼爾又于本音義不列於本文

下率隔數葉始一聚見不便尋索且經之與註遺脫滋多余本閒不免誤舛要皆不足以言善也今以家塾所藏○唐石刻本○晉天福銅版本○京師大字舊本○紹興初監本○監中見行本○蜀大字舊本○蜀學重刊大字本○中字本○又中字有句讀附音本○潭州舊本○撫州舊本○建大字本（俗謂無比九經）○俞韶卿家本○又中字凡四本○婺州舊本○併興國于氏建余仁仲凡二十本

○又以越中舊本註疏○建本有音釋註疏○蜀註疏○合二十三本專屬本經名士反覆參訂始命良工入梓固自信以爲盡善正恐掃塵隨生亦或有之惟　通經先達不吝惠教

字畫

字學不講久矣經文非古訛以傳訛魏晉以來則又厭樸拙者姿媚隨意遷改義訓混淆漫不可考重以避就名諱如操之爲摻昭之爲佋此類不可

勝舉唐人統承西魏尤爲謬亂至開元所書五經
往往以俗字易舊文如以頗爲陂以平爲便之類
更多五季而後鏤版傳印經籍之傳雖廣而點畫
義訓訛舛自若今所校本之以○許慎說文○張
參五經文字○唐玄度九經字樣○顏魯公干禄
書○郭忠恕佩觿集○呂忱字林○秦昌朝韻略
分毫補註字譜○參以毛晃增韻○及其子居正
所著六經正誤其有甚駭俗者則通之以可識者

謂如宣之爲宜簪之爲晉之類皆取之石經遺文非若近世眉山李肩吾從周所書古韻及文公孝經刊誤等書純用古體也凡此者實與同志之精於字學者逐一探討折衷不使分毫差誤雖註字偏旁點畫必校庶幾聖經賢傳不墮於俗學之陋當爲世所善矣

註文

諸本於經正文尚多脫誤如易說卦物不可以終動動必止之諸本無動必二字惟蜀本與國本有之已添入此類亦多見之考異而況於註間有難曉

解者以疏中字微足其義
如易比卦彖註云不寧方來矣或者誤認不寧爲
不安方來爲方至及依疏添一之字一皆字云
不寧之方皆來參意始明
如書之泰誓註言紂至親雖多不如周家之少仁
人及考疏仁人之下有一也字則仁人也自爲
一句意始明
如召誥註今天其命哲末曰雖說之其實在人雖

說之三字亦不可曉考石經則曰雖說之於天添於天二字意始明

如洛誥曰明禋註成王留之本說之本說之三字亦不可曉依疏云故本而說之意始明

如詩角弓敎猱升木註云若使之必也依疏增一能字爲必能也意始明

如思齊神罔時怨神罔時恫箋云無是怨恚其所行者無是痛傷其所爲者諸本皆無其所爲者

四字惟建大字本有之及考疏則曰神明無是怨恚文王其所行者神明無是痛傷文王其所爲者以此明箋文舊有其所爲者四字而諸本傳寫逸之也今從建大字本意始明此類甚多不悉舉

高宗肜日罔非天胤典祀無豐于昵註云無非天所胤常也胤之下合有一典字常也實訓典字也此實傳寫之脫而疏義乃因之此不敢添

又洪範凡厥庶民有猷有爲有守註民戢有道戢字止是一或字傳寫誤作戢爾疏義彊釋

作歛戢之戢
此不敢改

顧命一人冕執銳銳實鈗字也按說文以爲兵
器今註中釋爲矛屬而陸德明又音以稅反
且諸本皆作銳獨越中註疏於正文作
鈗爾疏中又皆作銳今只從衆作銳

中庸天命之謂性註云木金火水土之神水神
宜曰知土神宜曰信乃誤以信爲水神知爲
土神而疏義又從而附會之亦不敢改
今按乾鑿度云水土二行兼信與知

射義好禮不變旄期稱道不亂者不在此位也
者不係上聲建與余本註云稱猶言也行也
者不言有此行不可以在此賓位也越本建
大字本註云稱猶言也道猶行也言行也者
不言有此行不可以在此賓位也以越建本
比監與余本上多道猶二字下多言行也三

字參而訂之互有得失監與余三本所謂稱猶言也行也只提得經文稱字而遺道字則越建本所謂道猶行也爲是越建二本所謂言行也者不者不二字是提經文以起註義而言行也三字於上下文意不相屬則監本與本余本無此三字爲是與其逸道猶二字寧若衍言行也三字今姑依越建本

周禮秋官司寤氏掌夜時註夜時謂夜晚早若今甲乙至戊疏又以甲乙則早時戌亥則晚時實其說獨蜀本作戌字竊謂戌字爲是而疏則因傳寫之誤而曲爲之說爾註意正指甲夜乙夜至戊夜也既疏義如此今不敢改

壺涿氏掌除水蟲以炮土之鼓敺之註故書炮作泡杜子春讀炮爲苞有苦葉之苞玄謂燔

之炮之炮以文義觀之當去炮之之炮炮之之下逸一之字旣諸本皆然今不敢添

左傳昭二十年衛侯賜析朱鉏謚曰成子註霄從公故詳考傳文本末時齊豹殺衛侯之兄縶衛侯出如死鳥析朱鉏宵從竇出徒行從公公入而賜之謚註云宵從公故蓋以其宵自竇出徒行從公而賜謚宵夜也其字當作宵則註與傳上文合今諸本於註皆作霄誤也亦不敢改

此類甚多

音釋

唐石本晉銅版本舊新監本蜀諸本與他善本止刊古註若音釋則自爲一書難檢尋而易差誤建

本蜀中本則附音於註文之下甚便繙閱然尾雜重贅適增眩瞀今欲求其便之尤便則亦附音釋如建蜀本然亦粗有審訂音有平上去入之殊則隨音圈發或者不亮其意而以爲病則但望如監本及他善本視之捨此而自觀釋文可也若大學中庸論孟四書則併附文公音於各章之末如雍也篇樂水樂山知者樂釋文皆音岳之類自與註意背馳微文公音則義愈晦矣雖此爲古註釋設亦不害其爲相正玆以其凡䟽所見于后

有字本易識初不假音者音釋爲難字設也今凡正文之音皆存之其有音切雖多而只同前音者與别無他音而衆所共識者未免擇其甚贅者閒削去惟註亦然釋文每有後可以意求及更不重出及後放此之說則不必贅出亦明矣有音重複而徒亂人意者如堯典光被四表被皮寄反而徐又音扶義反以扶字切之則爲音吠蓋徐以吳音爲字母遂以蒲爲扶以蒲切之無

異於皮寄反法應刪又如曲禮負劒辟咡詔之辟匹亦反是音僻矣而徐氏又音芳益反沈氏又音扶赤反以芳與扶切之實不成學蓋吳音以芳爲滂以扶爲蒲二切皆音僻又何必再三音此一字爲哉如此者甚多

有的然之音不待釋者在上之上時亮反在下之下戶雅反此指高卑定體而言若自下而上時掌反自上而下遐嫁反此指升降而言此本不必音復有

閒見而不盡音者滋惑也如曲禮居不主奧註命士以上上上時掌反復自云凡言以上者皆放此是不必盡音而可以意求也今所校者於疑似處亦音之閒有註字不附音亦一一圈發矣又如先後二字指在先在後之定體則先平聲後上聲若當後而先之當先而後之則皆去聲又如左右二字指定體而言則左右皆上聲指其用者而言則皆去聲亦巳隨音圈發

有誤音而不容盡改者如易繫六爻之義易以貢

易當音肆而作如字書盤庚汝分猷念以相從分當如字而作去聲（此類不敢盡改）記內則註釋鞶革鞶絲曰則是鞶裂與考疏與者疑而未定之辭釋文乃音預於義不通（已依疏改音餘）禮秋官司儀賓拜送幣每事如初賓亦如之註以賓亦如之之賓讀爲儐釋文乃誤以賓拜送幣之賓音擯今疏其誤于下（經文云賓三揖三讓登再拜授幣賓拜送幣每事如初賓亦如之註云賓三揖三讓讓升也登再拜授幣授當爲受主人拜至且受玉也每事如初謂享及有言也）

賓當爲儐謂以鬱鬯禮賓也上於下曰禮敵者
曰儐禮器曰諸侯相朝灌用鬱鬯謂此朝禮畢
儐賓也疏云賓主俱升主人在阼階上北面拜
乃就兩楹閒南面賓亦就主君賓授玉主君受
之故云再拜受幣也云賓拜送幣者賓既授乃
退向西階上北面拜送幣乃降也以註疏求經
指則拜受幣者主也拜送幣者賓也賓拜之賓
乃主賓之賓非儐禮之儐也註所謂賓當爲儐
者乃指言賓亦如之之賓蓋謂受幣送幣之禮
既畢享及有言之事又畢主乃以鬱鬯禮賓其
禮亦如享及有言之禮也故註既解賓亦如之
之義又繫之曰謂此朝禮畢儐賓也況註之上
文先解經文每事如初之義而後曰賓當爲儐
以次序先後求之則賓之當音擯者在此而不
在彼也釋文乃提起賓拜送三字下註
云依註賓音擯其不深考註義如此

有因字畫相近而疑傳寫之誤失其本音者禮春官龜人西龜曰靁屬北龜曰若屬註左倪靁右倪若釋文靁力胄反又如字考䟽則云左倪靁者爾雅云左倪不類不類即類一也右倪若者不若即若也同稱若故爲一物如以䟽義下文不若即若證上文不類即類一語疑靁當讀爲類從力胃反豈胄字即胃字之誤耶左傳文十五年宋華耦來盟其官皆從之註卿行旅從春

秋時率多不能備禮釋文率所類反又音律以義求之率當讀爲類從所類反則讀如將帥之帥豈所類反三字乃音類二字之誤耶諸本皆然今不輕改

有點畫微不同而音義甚易辯者如毋字牡后反中從兩點與從一直者不同毋字音無中從一直下與從兩點者不同釋文於曲禮毋不敬之毋詳言之矣如毋追淳毋春秋甯毋之類則音之如錫予之錫星

歷反旁從易鏤錫之錫余章反旁從昜又如戌
之與戍音恤者係作一小畫音春遇反者從人
謂人荷戈曰戍神祇之祇從示而無畫祗敬之
祗從示而有畫底音抵者上有點厎音止者無
點又如己之與已與巳皆可考識如此類甚多
初不假借本不必音而間亦音矣
有當音而不音合增入者如書舜典重華協于帝
重字無音尚以人所共知不假增入至於讓于

殳斨殳字無音記曲禮則左右屛而待屛字無音禮冬官廬人轂兵同強轂無音凡此類增音亦多然亦有不敢增音者記玉藻山立揚休休無音註曰其息若陽之休物疏則曰揚陽也体養也若盛陽之氣生養萬物如此則從吁句反不敢增諸經中樂之當音洛者如記大傳禮俗刑而後樂及樂記中數處皆無音乃閒有音岳者與註疏之義不合其必有說不敢輕改又如喪字凡喪亂喪亡死喪之喪去聲凡有喪遭喪之喪平聲詩釋文全不曾分別谷風之凡民有喪釋文無音猶可曰此從平聲係是正

音無假於音也板之喪亂蔑資蕩之小大近喪桑柔雲漢之天降喪亂召旻之天篤降喪釋文亦皆無音猶可曰喪有二音以義求之居然可見亦無假於音也然頍弁之死喪無日釋文息浪反抑之曰喪厥國亦音息浪反死喪喪國之喪與喪亂喪亡之喪同義此有音而彼無音假曰前面出一音後不複出而二音乃間出於諸詩之間又禮天官膳夫王之稍事設薦脯醢鄭司農云非日中大舉而間食謂之稍事玄謂稍事有小事而飲酒漿人共賓客之稍禮註謂王稍所給賓客者釋文皆無音疑當從上聲至於内宰均其稍食註謂吏祿稟此正稟稍之稍釋文無音但於大宰家削下云本亦作稍所教反若地官稍人及甸稍之稍與家削之義略同可以類推若稍食之稍則與家削之義異亦無音何也今各隨文義合加圈發者加圈發以別之

此類亦多不可悉舉

有一音而前後自差雜者如書舜典朕堲讒說殄行殄訓絕凡書中殄字皆徒典反係上聲惟益稷用殄厥世乃徒現反則去聲矣及考監韻只收上聲不收去聲烏有義同而音異哉合改爲徒典反如記王制屏之四方必政反係去聲至屏之遠方則必郢反係上聲同一義而有上去之殊及以監韻參之去聲訓除上聲爲屏蔽之

屏若是則去聲爲是又如檀弓註叔向之向香亮反案左傳宣十五年釋文香丈反係上聲與嚮同音是一爲上聲一爲去聲也又如遇於一哀而出涕涕音體矣只本篇垂涕洟涕音他計反亦同義而二音又如左傳莊二十八年其娣生卓子卓勑角反至僖四年卓子之卓又音吐濁反昭二十六年王子朝釋文朝如字凡人名字皆張遥反至論語衞公子朝則又音直遥反

又如禮天官之屬庖人賈八人釋文賈音古又
音嫁下放此至夏官之屬馬質賈四人止云賈
音嫁註及下同則弃初音而從次音矣秋官之
屬庶氏釋文庶音煑又章預反至後庶氏掌除
毒蠱止云庶章預反則亦弃初音而從次音矣
其最差雜者則記文王世子凡學世子及學士
必時釋文凡學世子戶孝反教也下小樂正學
干籥師學戈學舞干戚同若以義推之學世子

之學既爲戶孝反學士之學當同音又以經文
所謂學世子學士必時推之則春夏學干戈秋
冬學羽籥正承上文必時之意故疏有秋冬羽
籥同敎春夏亦同敎干戈之說疏義以學爲敎
則皆從戶孝反釋文何獨於小樂正學干籥師
學戈同爲戶孝反而他皆不音耶又註有所謂
陽用事則學之以聲陰用事則學之以事亦皆
當從戶孝反而釋文亦無音使讀者拘於音例

而失其指趣此大弊也今姑識之以俟觀者擇焉

有當音當切而比附聲近者如所謂附近之近閒厠之閒閒隙之閒平聲伺候之伺平聲爭鬭之爭應對之應是也今亦皆存其舊不欲更爲音切

有一字數切而自爲厖雜者一長上聲字也則丁丈張丈知丈展兩反一中去聲字也則丁仲張仲貞仲反後來監韻所收則長爲展兩反中爲陟仲

反豈不明白歸一哉初欲更而爲一以他音亦
有類是者姑悉存其舊
有用吴音爲字母而反切難者沈氏徐氏陸氏皆
吴人故多用吴音如以丁丈切長字丁仲切中
字是切作吴音也以至蒲之爲扶補之爲甫邦
之爲方旁之爲房征之爲丁鋪之爲孚步之爲
布惕之爲飾領之爲冷茫之爲亡姥之爲武敵
之爲直是以吴音爲切也此類不可勝紀但欲

知此只以吳音切之可也

有反切難而韻亦不收者如周禮掌固夜三鼜以號戒註趣與造音相近而趣竟爲莊久反天子圭中必必府結反論語其庶乎屢空空力縱反是已

有不必音而音當音而不音者如治字本不必音乃音爲直吏反平聲則不音以爲正字固也而周禮小宰註平治也則云如字下治其施舍同

案治字從水從台台本音怡諧聲故爲平聲於
此獨音如字者恐人疑爲去聲故特音之不可
以此有音而他無音爲非平聲也毛居正云音
持者攻理也凡未治而攻之者則平聲經史中
治天下左傳治絲大禹治水治玉曰琢治兵治
獄之類是也爲理與功效則去聲經史釋音自
可識或無明音亦準此推之雖然曷不以文公
爲凖乎其釋大學先治其國欲治其國皆音平

聲家齊而後國治國治而後天下平皆音去聲仍於二音之下俱云後放此是使人可以意求也文公於孟子梁惠王上奚暇治禮義亦音平聲凡爲理物之義者放此蓋平聲係使然去聲係自然初不難辯又如數目之數三數之數每音上聲數筭之數數責之數每音去聲至左傳釋文則數責之數兼有上聲去聲二音至史記釋音及宋景文國語補音則以數責之數爲上聲矣今四方之音却與國語史記

音合惟吴音不爾
有當音或不音而可以例推者詩載芟春藉田而
祈社稷註藉之言借也藉字釋文無音孟子滕
文公助者藉也孫奭釋文亦無音參以記王制
古者公田藉而不稅註亦云藉之言借也釋文
藉在亦反借子亦反則知春藉田之藉與助者
藉也之藉皆當從在亦反又考之説文帝耤千
畝其上無廿亦從入聲又漢書名聲藉甚註云

狼藉甚盛也其字上亦從艹以此知古藉字有
入聲不但藉田之藉助藉之藉爲然也今監韻
亦收藉田之藉在二十二昔韻則藉之當從入
聲爲愈明矣近世學者因藉借之義多有讀孟
子藉字爲去聲殊不知借字古亦是入聲也
有當音當切遺於前而見於後者如易乾卦九二
註德施周普上則過亢施亢二字釋文初皆無
音至上九亢龍有悔始音亢苦浪反彖雲行雨

施始音施始豉反書序康王之誥合於顧命顧字釋文初無音至顧命篇始音工戶反禮地官均人註主平土地之力政者政字釋文初無音至後均人之職地政力政始音征冬官輪人註蓋高一丈高字釋文初無音至匠人營國雉長三丈高一丈始音古報反春秋左傳隱元年費伯帥師城郎註高平方與縣東南有郁郎亭方與二字釋文初無音至二年公及戎盟于唐註

高平方與縣北有武唐亭始音方爲房與爲預此類甚多蓋陸德明作釋文時不甚檢點故後先倒置爾今各隨其義而加圈發

有經文兩字同而音義有異者周禮之施舍與左傳之施舍音義有不同地官大司徒之舍禁弛力又與小宰小司徒鄉師之施舍音義不同大司徒之弛力註息繇役也舍禁註公無禁利也舍讀爲捨小宰小司徒鄉師之施舍註謂應復

免不給繇役者釋文施式氏反舍字無音左傳之施舍註以施爲施恩惠舍爲舍勞役施舍二字釋文皆無音蓋周禮之施字從上聲左傳之施字則從平聲以註義施恩惠推之亦可從去聲以釋文無明音只從平聲蓋施之爲義加也設也從平聲及也延也從去聲以義考之則音可見至舍字則二經皆去聲也左傳本不可以言經今從俗所謂汴本十三經建本十一經稱之近世傳讀多以周禮施舍之舍爲捨蓋以註文復免不給繇役有捨之義殊不知舍之爲義置

也所謂復免繇役及舍勞役皆以置而不役爲義則讀爲如字音義俱通左傳釋文多有此比如僖十五年呂甥對秦伯曰服而舍之二十八年晉侯欲殺魏犨曲踊三百乃舍之又晉侯曰宋人告急舍之則絕凡此等舍字釋文初音皆從如字此又舍從去聲之明證也

有字同音異隨註義以爲別者如詩大序註謂好逑也好呼報反關雎君子好逑則以如字爲初

音呼報反爲次音蓋大序鄭註也故註文好逑之好從呼報反圈發爲去聲若詩則先有毛傳而後有鄭箋當以毛音爲正故詩文好逑從毛音只爲如字此類惟詩與禮最多然詩則以毛傳爲正音禮則多以康成之說折衷此又在觀者尋其指趣而爲之區別也

有釋文起音之字與經文註文異者如記曲禮註膺揭此引少儀經文也釋文則以揭爲葉音如

字禮地官大司徒其植物宜皁物諸本經文只是皁字釋文則曰早音皁又如均人旬用之旬註旬均也讀如罃罃原隰之罃釋文不以經文旬字起音而以罃字起音（釋文云罃音均又舒均反又音旬）春官巾車藻車藻蔽註故書作⿰車菆釋文不以經文藻字起音而以⿰車菆字起音（釋文云⿰車菆音總又音藻又倉會反）夏官圉師夏庌馬釋文不以經文庌字起音而以註文訝字起音（釋文云為訝五嫁反）此皆陸氏因其時所

祖之本隨各字而起音也觀者知其故則可以
知其音矣
有照註義當爲初音而釋文以爲次音者詩不弔
昊天毛鄭註皆以弔爲至左傳昭十六年帥羣
不弔之人哀十六年旻天不弔杜註亦皆以弔
爲至凡此弔字夷考註義當以丁歷反爲初音
釋文則以如字爲初音禮夏官挈壺氏註讀爲
絜髮之絜疏云絜即結也當以結爲初音釋文

以苦結反爲初音冬官韓人註讀韗爲運釋文以況萬反爲初音樸屬註讀樸爲僕釋文以普剥反爲初音春秋哀四年盜殺蔡侯申註不言弑賊盜也釋文殺申志反之類

句讀

監蜀諸本皆無句讀惟建本始倣館閣校書式從旁加圈點開卷瞭然於學者爲便然亦但句讀經文而已惟蜀中字本與國本併點註文益爲周盡

而其間亦有於大義未爲的當者今就其是者而去其未安者大指皆依註疏雖儒先章句行於世者亦不敢雜於其間若疏義及釋文揆之所見而有未安者則亦不敢盡從也始疏一二于下如書牧誓

庸蜀羌髳微盧彭濮人註羌在西蜀叟疏誤以西蜀叟爲句案西羌居析支渠搜之地禹貢所謂西戎即敘者也孔傳於西戎即敘之下明言羌髳之屬漢時先零罕开正居析支渠搜之地所謂賜支河首即禹貢之析支也以此證之羌在西當爲一句蜀叟者孔傳以叟字解蜀字也後漢之季呂布既誅董卓卓將李傕等攻布布有叟兵內反傕等遂破長安及馬騰劉範之攻傕也益州牧劉焉遣

叟兵五千助之章懷太子賢註曰叟蜀兵以此證之蜀叟當自爲一句今已改定句讀又如禮地官委人掌斂野之賦斂薪芻考之註疏當以掌斂野之賦爲一句以斂薪芻屬之下句釋文賦斂力豔反則是以掌野之賦斂薪芻爲一句今姑依釋文爲句又案釋文惟稅斂賦斂之斂力豔反至斂弛斂市㰦布斂其皮角斂總布斂市之不售春頒秋斂與此斂野之斂皆無音謂當如字讀從上聲也若照註疏則此斂野之賦與斂薪芻之斂皆當從上聲既照釋文以賦斂薪芻連文讀之則斂薪之斂從去聲此當入音釋例

因句讀之例而附見于此

脫簡

諸經惟記禮獨多見之玉藻樂記雜記喪大記註

䟽可考興國本依註䟽更定亦覺辭意聯屬今則不敢倣之第以所更定者繫於各篇之後庶幾備盡大學一篇文公所更定天下家傳而人誦之書之武成先儒亦嘗更定但今本止以註䟽爲據所以不敢增入

考異石經亦別有考異一卷今倣之

書禹貢滎波既豬及導沇水東流爲濟入于河溢爲滎凡滎字皆從水禮夏官職方氏豫州其川熒雒經文熒字從火註滎字多從水左傳衛懿公及

狄人戰于熒澤及杜預註自隱元年以來所引熒陽者不一熒字率多從火釋文云作滎者非若合書禮左傳而言之則同此滎耳以水溢言之則曰滎波熒澤以秦漢置縣及魏晉之後置郡言之其地在滎水之陽則曰滎陽故孔註禹貢則曰泉源爲流流去爲濟濟水入河竝流十數里而南截河又竝流數里溢爲熒澤在敖倉東南鄭註職方氏則曰滎兖水也出東垣入于河泆爲滎滎在滎陽

波讀爲播禹貢曰滎播既都杜預註熒澤之戰則以熒澤當在河北孔穎達疏曰禹貢豫州滎波既豬導沇水入于河溢爲滎在河南此時衞都河北爲狄所敗乃東徙渡河故知此熒澤當在河北但沇水入河乃溢被河南多故專得滎名其北雖小亦稱滎也參考諸家之説則滎波之滎熒雒之熒熒澤之熒滎陽之滎同以濟水溢爲波爲澤而得名釋文於左傳決然以爲作滎者非似未深考也

只如禹貢之滎波既豬鄭引以註職方氏則曰滎播既都禹貢之沇水鄭註則曰兖水蓋播即波也都即豬也兖即沇也而其字則異焉各因其時所傳之本之舊也滎字之或從水或從火要亦如此今各從其本之舊而實則一也

唐太宗諱世民若單言民則闕斜鈎而作𡰥若從偏旁則闕上畫而作氏如書盤庚之不昏作勞呂刑之泯泯棼棼左傳昭公二十九年若泯弃

之之類今皆更定
書泰誓註吉人渴日以為善凶人亦渴日以為惡疏以渴作竭釋文渴苦曷反汎而觀之疏則以其義為竭盡之竭釋文則音為飢渴之渴然考之周禮渴澤用鹿渴其列反則渴字亦有竭音說文渴丘葛反盡也則音飢渴之渴其字亦有竭義註所謂渴日蓋猶言盡日也今只作渴
詩定之方中註馬七尺以上為騋諸本皆是馬七

尺爲騋惟余仁仲本有以上二字以釋文考之
則疑舊有以上二字而傳寫逸之也釋文於騋
牝二音之下便有上時掌反一音考註文別無
上字而釋文有上音此明舊有以上二字也疏
曰七尺爲騋廋人文也又考禮廋人馬七尺以
上爲騋六尺以上爲馬則周禮亦有以上二字
余本爲是今從之
鴟鴞予尾翛翛監本蜀本越本皆作脩脩興國本

及建寧諸本作翛翛及考疏則曰舊本作消消
定本作脩脩又考釋文則翛翛素彫反蓋監蜀
越本以疏爲據興建諸本以釋文爲據也今從
釋文又巧言昊天大幠蜀本越本興國本皆作
泰余仁仲本及建大字本作大釋文大音泰徐
勑佐反此亦以釋文爲據也今亦從釋文
雨無正首章云浩浩昊天不駿其德章內昊天疾
威弗慮弗圖俗本皆作旻天以釋文有密巾反

遂併經與註竝改作旻直謂有作昊天者非及考疏則曰上有昊天明此亦爲昊天定本皆作昊天俗本作旻天誤也今從疏及諸善本

生民實覃實訏箋云訏謂張口嗚呼也諸善本皆作嗚余仁仲本作嗚蓋以嗚字駭俗而從嗚字也及考疏則曰訏音呼字又從言故爲張口嗚呼是其聲音已大於呱呱之時因言張口嗚呼即說聲音之大今從疏及諸善本作嗚

記曲禮二名不偏諱偏合作徧疏曰不徧諱者謂
兩字作名不一一諱之也案舊杭本柳文載子
厚除監察御史以祖名察躬辤奏勅二名不遍
諱不合辤據此作遍字是舊禮作徧字明矣若
謂二字不獨諱一字亦通但與鄭康成所註舊
文意不合可見傳寫之誤然仍習既久不敢如
蜀大字本興國本輕於改也
檀弓孔子過泰山側問婦人之哭於墓者實使子

貢而興國及建諸本皆作子路考之疏亦不明言何人及考石本舊監本蜀大字本越上註疏本皆作子貢未知孰是以家語證之則子貢也

月令孟夏丘蚓出仲冬蚯蚓結同此蚯蚓也而有丘蚯之異既諸本皆然不欲輕改

曾子問夏后氏三年之喪既殯而致事殷人既葬而致事而註中周卒哭而致事一句獨興國本大書而爲經文曰周人卒哭而致事視註復添

一人字以三代之禮並言之未爲非也及考舊
監本註周字乃作則字如此則是第言夏殷而
不及周人今皆從舊不敢改也
喪服小記除殤之喪其祭也必玄註殤無變文不
縟諸本多作縞惟興國本及釋文作縟及考之
䟽則曰除殤之喪即從禫服是文不繁縟也今
從䟽及釋文
少儀笏書脩苞苴弓茵席枕几熲杖琴瑟註熲警

枕也疏本作頴釋文及建諸本作熲監本及興
本作頴玉篇廣韻亦有頴字釋篋也雖與註所
謂警枕不同亦足以明頴爲一物也但疏謂鄭
註以頴爲警枕者所以別下文經文卻刃授頴
之頴則以爲兩頴字字同而義異釋文以警枕
之熲其旁下從火音京領反以授頴之頴其旁
下從禾者役頂反則字異而音亦異又未知監
本興國本頴字其旁下從木者以何本爲據今

頍頴二字皆依釋文而竝識之以見異同
祭義濟濟者容也容以遠諸本閒以王肅音爲口
白反遂以容字作客字及考石經舊監本蜀大
字本及越本註疏竝作容疏云容以遠謂事容
貌非所以接親親也一字爲容一字爲客未之
有也今依疏義及石經等本竝改作容
儒行慎靜而尚寬强毅以與人監本及諸本有無
尚字者建大字與國本余仁仲本則有尚字及

考疏則曰旣愼而靜所尚寬緩也今從之
禮天官大宰百工飭化八材鄭司農註云珠曰切
象曰瑳諸本有作骨曰切者及考疏則云珠曰
切之下竝爾雅文皆治器用之名也然今爾雅
云骨曰切蓋司農讀爾雅本作珠也如此則舊
本自是珠字由今觀之則骨曰切爲通俗珠曰
切爲駭俗今存古只從珠字
小宰凡祭祀贊王幣爵之事諸本王皆作玉惟越

註䟽及建大字本作王以義考之良是諸本作玉幣爵者因大宰職有贊玉幣爵之文遂以此王幣爵亦爲玉幣爵小宰所贊之幣爵固大宰所贊之玉幣爵也但於此則決非玉字何以明之大宰贊玉幣爵上文先有贊王牲事明贊玉幣爵贊王之玉幣爵也小宰職卑不獲贊王牲事而與贊幣爵之事上文未有王字故以王幣爵言之亦明其贊王也註所謂從大宰助王其

義甚明由此言之則王字是而玉字之爲非也

昭昭矣

地官總列職名有饎人槀人及經分職掌則饎作

饎槀作槁同此一職而字不同考舊監本蜀大

本則並改而爲饎與槀而監本又於槀字上添

從卄既重思之饎與槁字註中有之音義復釋

之則不必改作饎與槀亦可而監本又於槀字

上添卄者蓋夏官亦有槀人恐惡夫同也

鄉大夫正歲令羣吏攷法于司徒以退各憲之於
所治國大詢于衆庶則各帥其鄉之衆寡余本
云各憲之於所治之國既妄添一之字又以國
字屬上句俗本多與此同及考諸善本並無之
字而國字自屬下句越本註疏於所治之下且
入註一段如此則愈足證矣
左傳僖二十三年懷與安實敗名建本及諸俗本
多作懷其安今從監本蜀本及諸善本作與字

僖三十年若不闕秦將焉取之諸本多無若字與將字建上諸本則有之眞西山文章正宗亦依建上諸本竊謂上句有若字下句有將字文意尤爲明暢今從之

哀十六年石乞曰此事也克則爲卿不克則烹諸本多無也字蜀大本興國本建大字本有也字今從之

孟子滕文公草尚之風必偃註云尚加也草而加

以風則偃諸俗本多因論語草上之風必偃遂
以尚爲上今已改定
離婁政不足閒也俗本乃添一與字與人不足與
適也句同又烏可已也俗本無也字今一削一
增
公羊穀梁傳
春秋三傳於經互有發明世所傳十一經盖合
三傳竝稱乾淳閒毛居正嘗參校六經三傳當

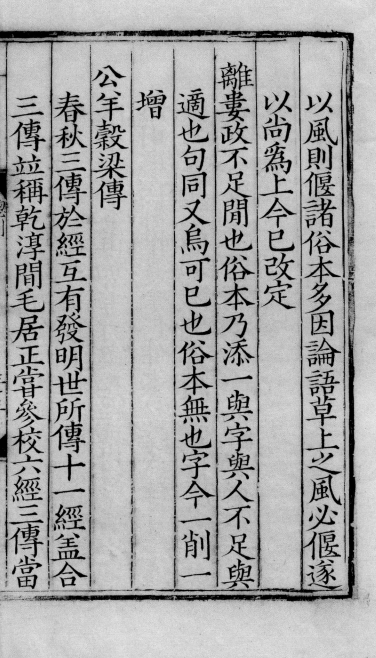

時皆稱其精確刋脩未竟中輟廖氏刋九經未暇及公羊穀梁二傳或者惜其闕焉因取建余氏本合諸本再加考訂與九經竝刋句讀字畫悉用廖氏例惟是余仁仲本於陸氏釋音字或與正文字不同如釀嘲作讓曰莵作廋之類竝兩存之參它本皆然今亦不敢輙有更定

春秋年表

三朝藝文志不載作者名今諸本或闕號名或

紊年月參之經傳多有舛錯不無刋寫之誤如
諸國君繼立有簒奪者表止書某立今增入諸
國君有弑殺表例書某卒今改定諸國君卒或
年與月誤或稱某公子若弟與兄誤今考註疏
刋正諸國君卒與立皆書惟曾闕今依經傳添
補如鄭莊公卒表書厲公突立突出奔按經傳
昭公立宋人執祭仲以厲公歸而立之昭公奔
衞如莒著丘公去疾表書又名郊公按傳著丘

公卒郊公不慼註郊公著丘公子如楚莊王旅誤爲旅晉景公儒誤爲孺若此類不可枚舉皆以經傳正之史記年表書事今表止書繼立循舊不敢增按館閣書目元豐中楊彥齡撰二卷紹興中環中撰一卷今本一卷與紹興本及藝文志所載者同

春秋名號歸一圖

按史藝文志春秋名號歸一圖二卷馮繼先撰刋本多訛錯嘗合京杭建蜀本參校有氏名略同實非一人而合爲一者有名字若殊本非二

人而析爲二者有自某國適它國而前後互見者有稱某公與某年而經傳不合者或以傳爲經或以註爲傳或偏旁疑似而有亥豕之差或行數牽聯而無甲乙之別若此類非一今皆訂之經傳刋其譌謬且爲分行以見別書若雜出於經傳與註而止稱經或傳註散見於前後數年間而止稱某公某年葢據始見而書之廖本無年表歸一圖今旣刋公穀併補二書以附經

傳之後

嘉慶庚辰歲依是本付刊入經學叢書丁集中
吴志忠識

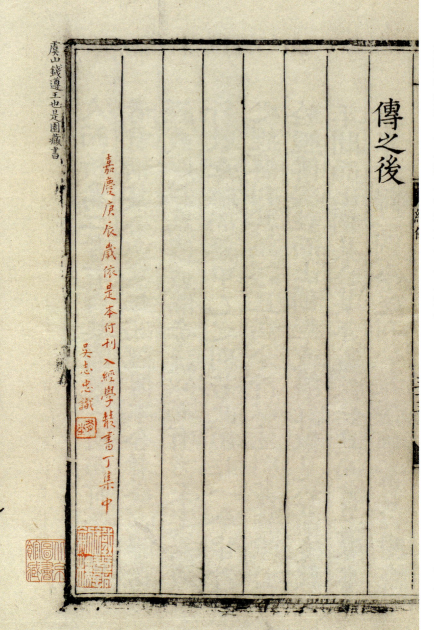

影元刻本

相臺書塾刊正九經三傳沿革例

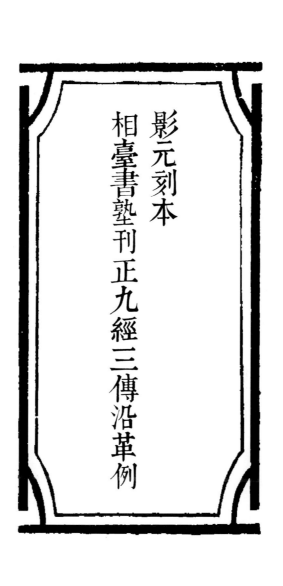

據上海圖書館藏嘉慶十九年
揚州汪氏藤花榭影元刻本影
印原書版匡高十九點八厘米
寬十三點七厘米

九經三傳沿革例

嘉慶甲戌孟冬影宋本開
雕揚州汪氏藤花榭藏板

宋岳珂九經三傳沿革例一卷乾隆戊申任子田侍御始刻之以為珂深於經訓能會通經文上下語義而證之以注疏釋文然後求之於諸本異同覃思旁訊妙悟瑩徹非僅以校本之多見該博也既而鮑氏廷博亦刻桐花館訂本於知不足齋叢書嘉慶甲戌汪生紹成又影宋本摹刻尤極精善以遺余屬為之序余令兒子廷琥以任鮑兩刻本校之得其異同九十件乙亥仲春小雨初晴開窗置長几焚香對花展此卷詳閱則異同處互有優劣任本泰誓注言紂至親雖多不如周家之多仁人此本作少

仁人按今孔傳正作少正義云明多惡不如少善故言紂
至親雖多不如周家之少仁人也蓋多指億萬少指十人
少字是也任本顧命一人冕執脫脫實鋭字也按說文以爲
兵器今注中釋爲矛屬而陸德明又音以稅反且諸本皆
作鋭獨越中注疏於正文作脫尒疏中又皆作鋭今只從
家作鋭此本作一人冕執鋭鋭實鈗字也又越中注疏於正
文作鈗按說文金部鋭芒也鈗侍臣所執兵也引周書此
文故可以鋭實鈗字言說文以爲兵器乃約侍臣所執
兵語申明鋭宜是鈗而注云矛屬則疑與芒義相近而合

字以稅反之爲鋭諸本又作鋭不敢竟改作銳故云只從只從云者本宜作銳而姑作鋭也以上二件任本所不及也任鮀兩本開元所書五經往〻以俗字易舊文如以頗爲陂以便爲平之類洪範無偏無陂新唐書藝文志言開元十四年元宗以頗字聲不協詔改爲陂是頗爲舊文陂爲所改又王道平平史記作便便瑚蓋以便爲舊文與頗一例平爲所改與陂一例此本作以平爲便視上句爲不類又任本神祇之祇從示而無畫祇敬之祗從示而有畫底音抵者上有點厎音止者上無點按說文广部底厂部厎皆從氐

聲下皆有點兩上則一有點一無點此本作㡳音柢者下有點㡳音止者無點珂明以在下者稱畫以别於在上者稱點說文唯疒部疷字從氐下無點广部無從氏之字鮑本作底亦誤以上二件又此本所不及也學者言經學則崇漢言刻本則貴宋余謂漢學不必不非宋板不必不誤本岳氏讎校之法以讎校岳氏此書略述此以應絡成之屬絡成名昌序儀徵縣學生將為校官讎校羣刻亦賴於岳氏云 江都焦循書於半九書塾之雕菰樓

相臺書塾刊正九經三傳沿革例

世所傳九經自監蜀京杭而下有建余氏興國于氏二本皆分句讀稱爲善本廖氏又以余氏不免誤舛于氏未爲的當合諸本參訂爲最精板行之初天下寶之流布未久元板散落不復存嘗博求諸藏書之家凡聚數帙僅成全書懼其久而無傳也爰倣成例乃命良工刻梓家塾如字畫如註文如音釋如句

讀悉循其舊且與明經老儒分卷校勘而又證以許慎說文毛晃韻略非敢有所增損於前偏旁必辯圈點必校不使有毫釐訛錯視廖氏世綵堂本加詳焉舊有總例存以爲證

書本

九經本行於世多矣率以見行監本爲宗而不能無譌謬脫略之患監中大小本凡三歲久磨滅散落未有能脩補之者蓋京師胄監經史多仍五季之舊今故家

往往有之實與俗本無大相遠晁公武云公武守三榮嘗對國子監所模長興板本讀之其差誤蓋多昔議者謂太和石本授寫非眞時人弗之許而以長興板本爲便宋朝初遂頒布天下收向日民間寫本不用然有訛舛無由參校判知其謬獨以爲官既刊定難於獨改由是而觀石經固脫錯而監本亦難盡從紹興初僅取刻板於江南諸州視京師承平監本又相遠甚與潭撫閩蜀諸本互爲異同柯山毛居正誼父以其父晃所增註禮部韻乾淳間進之朝後又校訂增益申明於嘉定之初其於經傳亦

既博攬精擇。辛巳春，朝廷命胄監刊正經籍，司成謂無以易誼父，遂取六經三傳諸本，參以子史字書、選粹文集，研究異同，凡字義音切，豪釐必校，儒官稱歎，莫有異詞。刊修僅及四經，猶以工人憚煩，詭竄墨本以紿有司，而誤字實未嘗改者什二三。繼欲修禮記、春秋三傳，誼父以病目移告，事遂中輟。自時厥後，無復以爲意矣。余每惜之，誓欲修刊，有所未暇且以世所傳本互有得失難於取正前輩謂興國于氏本及建余氏本爲最善逮詳考之亦此善於彼爾又于本音義不列於本文下率隅數葉始一聚見不便尋索且經之與註遺脫滋多余本間不免誤舛要皆不足以言善也今以家塾所藏○唐石刻本○晉天福銅板本○京師大字舊本○紹興初監本○監中見行本○蜀大字舊本○蜀學重刊

大字本○中字本○又中字有句讀附音本○潭州舊本○撫州舊本○建大字本（俗謂無比九經）○俞韶卿家本○又中字凡四本○婺州舊本○併興國于氏建余仁仲凡二十本○又以越中舊本註疏○建本有音釋註疏○蜀註疏○合二十三本專屬本經名士反覆參訂始命良工入梓固自信以爲盡善正恐掃塵隨生亦或有之惟　通經先達不吝惠教

字畫

字學不講久矣經文非古訛以傳訛魏晉以來則又厭樸拙者姿媚隨意遷改義訓混淆漫不可考重以避就名諱如操之爲摻昭之爲佋此類不可勝舉唐人統承西魏尤爲謬亂至開元所書五經往往以俗字易舊文如以頗爲陂以平爲便之類更多五季而後鏤板傳印經籍之傳雖廣而點畫義訓訛舛自

若今所校本之以○許慎說文○張參五經文字○唐玄度九經字樣○顏魯公干祿書○郭忠恕佩觿集○呂忱字林○秦昌朝韻略分豪補註字譜○參以毛晃增韻○及其子居正所箸六經正誤其有甚駭俗者則通之以可識者謂如宐之爲宜晉之爲晋之類皆取之石經遺文非若近世眉山李肩吾從周所書古韻及文公孝經刊誤等書純用古體也凡此者實與同志之

精於字學者逐一探討折衷不使分豪差誤雖註字偏旁點畫必校庶幾聖經賢傳不墮於俗學之陋當爲世所善矣

註文

諸本於經正文尚多脫誤（如易說卦物不可以終動動必止之諸本無動必二字惟蜀本興國本有之已添入此類亦多見之考異）而況於註間有難曉解者以疏中字微足其義

如易比卦彖註云不寧方來矣或者誤認不

寧爲不安方來爲方至及依疏添一之字一皆字云不寧之方皆來矣意始明

如書之泰誓註言紂至親雖多不如周家之少仁人及考疏仁人之下有一也字則仁人也自爲一句意始明

如召誥註今天其命哲末曰雖說之其實在人雖說之三字亦不可曉考石經則曰雖說之於天添於天二字意始明

如洛誥曰明禋註成王留之本說之本說之
三字亦不可曉依疏云故本而說之意始
明
如詩角弓教猱升木註云若使之必也依疏
增一能字爲必能也意始明
如思齊神罔時怨神罔時恫箋云無是怨恚
其所行者無是痛傷其所爲者諸本皆無
其所爲者四字惟建大字本有之及考疏

則曰神明無是怨恚文王其所行者神明無是痛傷文王其所爲者以此明箋文舊有其所爲者四字而諸本傳寫逸之也今從建大字本意始明此類甚多不悉舉

高宗肜日罔非天胤典祀無豐于昵註云無非天所嗣常也嗣之下合有一典字常也實訓典字也此實傳寫之脫而疏義乃因之此不敢添

又洪範凡厥庶民有猶有爲有守註民戩有道戩字止是一或字傳寫誤作戩爾疏義彊釋作歛戩之戩此不敢改

顧命一人冕執鋭鋭實鈗字也按説文以爲兵器今註中釋爲矛屬而陸德明又音以稅反

且諸本皆作鋭獨越中註疏於正文作鈗爾疏中又皆作鋭今只從衆作鋭

中庸天命之謂性註云木金火水土之神水神宜曰知土神宜曰信乃誤以信爲水神知爲土神而疏義又從而附會之亦不敢改

今按乾鑿度云水土二行兼信與知

射義好禮不變旄期稱道不亂者不在此位也者不係上聲建興余本註云稱猶言也行也者不言有此行不可以在此賓位也越本建大字本註云稱猶言也道猶行也言行也者不言有此行不可以在此賓位也以越建本比監興余本上多道猶二字下多言行也三字參而訂之互有得失監興余三本所謂稱猶言也行也只提得經文稱字而遺道字則

越建本所謂道猶行也爲是越建二本所謂言行也者不者不二字是提經文以起註義而言行也三字於上下文意不相屬則監本興本余本無此三字爲是與其逸道猶二字寧若衍言行也三字今姑依越建本

周禮秋官司寤氏掌夜時註夜時謂夜晚早若今甲乙至戊疏又以甲乙則早時戊亥則晚時實其說獨蜀本作戊字竊謂戊字爲是而疏則因傳寫之誤而曲爲之說爾註意正指甲夜乙夜至戊夜也既疏義如此今不敢改

壺涿氏掌除水蟲以炮土之鼓敺之註故書炮作泡杜子春讀炮爲苞有苦葉之苞玄謂燔之炮之炮以文義觀之當云炮之之炮炮之之下逸一之字既諸本皆然今不敢添

左傳昭二十年衛侯賜析朱鉏謚曰成子註霄
從公故詳考傳文本末時齊豹殺衛侯之兄
縶衛侯出如死鳥析朱鉏宵從竇出徒行從
公公入而賜之謚註云宵從公故蓋以其宵
自竇出徒行從公而賜謚宵夜也其字當作
宵則註與傳上文合今諸本於註皆作霄誤
也亦不敢改
此類甚多

音釋

唐石本晉銅板本舊新監本蜀諸本與他善
本止刊古註若音釋則自爲一書難檢尋而
易差誤建本蜀中本則附音於註文之下甚

便繙閱然厖雜重贅適增眩瞀今欲求其便之尤便則亦附音釋如建蜀本然亦麤有審訂音有平上去入之殊則隨音圈發或者不亮其意而以爲病則但望如監本及他善本視之捨此而自觀釋文可也若大學中庸論孟四書則併附文公音於各章之末如雍也篇樂水樂山知者樂釋文皆音岳之類自與註意背馳微文公音則義愈晦矣雖此爲古註釋設亦不害其爲正

相茲以其凡疏所見于后

有字本易識初不假音者音釋爲難字設也今凡正文之音皆存之其有音切雖多而只同前音者與别無他音而衆所共識者未免擇其甚贅者閒削去惟註亦然釋文每有後可以意求及更不重出及後放此之説則不必贅出亦明矣

有音重複而徒亂人意者如堯典光被四表被皮寄反而徐又音扶義反以扶字切之

則爲音吠蓋徐以吳音爲字母遂以蒲爲扶以蒲切之無異於皮寄反法應刪又如曲禮負劒辟咡詔之辟匹亦反是音僻矣而徐氏又音芳益反沈氏又音扶亦反以芳與扶切之實不成字蓋吳音以芳爲滂以扶爲蒲二切皆音僻又何必再三音此一字爲哉如此者甚多

有的然之音不待釋者在上之上（時亮反）在下

之下(戶雅反)此指高卑定體而言若自下而上(時掌反)自上而下(遐嫁反)此指升降而言此本不必音復有閒見而不盡音者滋惑也(如曲禮居不主奧註命士以上上如掌反復自云凡言以上者皆放此是不必盡音而可以意求也)今所校者於疑似處亦音之閒有註字不附音亦一一圈發矣又如先後二字指在先在後之定體則先(平聲)後(上聲)若當後而先之當先而後之則皆去聲又如左右二

字指定體而言則左右皆上聲指其用者而言則皆去聲亦已隨音圈發有誤音而不容盡改者如易繫六爻之義易以貢易當音肆而作如字書盤庚汝分猶念以相從分當如字而作去聲此類不敢盡改記内則註釋鞶革鞶絲曰則是鞶裂與考疏與者疑而未定之辭釋文乃音預於義不通已依疏改音餘禮秋官司儀賓拜送幣每事如

初賓亦如之註以賓亦如之之賓讀爲儐釋文乃誤以賓拜送幣之賓音擯今疏其誤于下經文云賓三揖三讓登再拜授幣賓拜送幣每事如初賓亦如之註云賓三揖三讓讓升也登再拜授幣授當爲受主人拜至且受玉也每事如初謂享及有言也賓當爲儐謂以鬱鬯禮賓也上於下曰禮敵者曰儐禮器曰諸侯相朝灌用鬱鬯謂此朝禮畢儐賓也疏云賓主俱升主人在阼階上北面拜乃就兩楹間南面賓亦就主君賓授玉主君受之故云再拜受幣也云賓拜送幣者賓既授乃退向西階上北面拜送幣乃降也以註疏求經指則拜受幣者主也拜送幣者賓也賓拜之賓乃主賓之賓非儐也註所謂賓當爲儐者乃

指言賓亦如之之賓蓋謂受幣送幣之禮既畢享及有言之事又畢主乃以鬱鬯禮賓其禮亦如享及有言之禮也故註既解賓亦如之之義又繫之曰謂此朝禮畢儐賓也況註之上文先解經文每事如初之義而後曰賓當爲儐以次序先後求之則賓之當音擯者在此而不在彼也釋文乃提起賓拜送三字下註云依註賓音擯其不深考註義如此

有因字畫相近而疑傳寫之誤失其本音者

禮春官龜人西龜曰靁屬北龜曰若屬註左倪靁右倪若釋文靁力胄反又如字考疏則云左倪靁者爾雅云左倪不類不類

即類一也右倪若者不若即若也同稱若
故爲一物如以疏義下文不若即若證上
文不類即類一語靁當讀爲類從力胃反
豈胄字即胃字之誤邪左傳文十五年宋
華耦來盟其官皆從之註卿行旅從春秋
時率多不能備禮釋文率所類反又音律
以義求之率當讀爲類從所類反則讀如
將帥之帥豈所類反三字乃音類二字之

誤邪諸本皆然今不輕改

有點畫微不同而音義甚易辯者如毋字牡后反中從兩點與從一直者不同毋字音無中從一直下與從兩點者不同釋文於曲禮毋不敬之毋詳言之矣如毋追淳毋春秋甯毋之類則音之如錫子之錫星歷反旁從易鏤錫之錫余章反旁從昜又如戍之與戌音恤者係作一小畫音春遇反者從人謂人荷戈曰

成神祇之祇從示而無畫祗敬之祗從示而有畫厎音抵者下有點底音止者無點又如已之與巳與己皆可考識如此類甚多初不假借本不必音而閒亦音矣

有當音而不音合增入者如書堯典重華協于帝重字無音尚以人所共知不假增入至於讓于殳斨殳字無音記曲禮則左右屛而待屛字無音禮冬官廬人轂兵同強

轂無音凡此類增音亦多然亦有不敢增音者記玉藻山立揚休休無音註曰其息若陽之休物疏則曰揚陽也休養也若盛陽之氣生養萬物如此則從吁句反不敢增諸經中樂之當音洛者如記大傳禮俗刑而後樂及樂記中數處皆無音乃閒有音岳者與註疏之義不合其必有說不敢輕改又如喪字凡喪亂喪亡死喪之喪去聲凡有喪遭喪之喪平聲詩釋文全不曾分别谷風之凡民有喪釋文無音猶可曰此從平聲係是正音無假於音也板之喪亂蔑資蕩之小大近喪桑柔雲漢之天降喪亂召旻之天篤降喪釋文亦皆無音猶

可曰喪有二音以義求之居然可見亦無假於音也然頻弁之死喪無日釋文息浪反抑之曰喪厥國亦音息浪反死喪喪國之喪與喪亂喪亡之喪同義此有音而彼無音假曰前面出一音後不復出而二音乃閒出於諸詩之閒又禮天官膳夫王之稍事設薦脯醢鄭司農云非日中大舉而閒食謂之稍事玄謂稍事有小事而飲酒漿人共賓客之稍禮註謂王稍所給賓客者釋文皆無音疑當從上聲至於内宰均其稍食註謂吏禄稟此正稟稍之稍釋文無音但於大宰家削下云本亦作稍所教反若地官稍人及甸稍之稍與家削之義略同可以類推若稍食之稍則與家削之義異亦無音何也今各隨文義合加圈發者加圈發以别之此類亦多不可悉舉

有一音而前後自差雜者如書堯典朕堲讒說殄行殄訓絕凡書中殄字皆徒典反係上聲惟益稷用殄厥世乃徒現反則去聲矣及考監韻只收上聲不收去聲烏有義同而音異哉合改爲徒典反如記王制屏之四方必政反係去聲至屏之遠方則必郢反係上聲同一義而有上去之殊及以監韻參之去聲訓除上聲爲屏蔽之屏若

是則去聲爲是又如檀弓註叔向之向香
亮反案左傳宣十五年釋文香丈反係上
聲與嚮同音是一爲上聲一爲去聲也又
如遇於一哀而出涕涕音體矣只本篇垂
涕洟涕音他計反亦同義而二音又如左
傳莊二十八年其娣生卓子卓勑角反至
僖四年卓子之卓又音吐濁反昭二十六
年王子朝釋文朝如字凡人名字皆張遥

反至論語衛公子朝則又音直遥反又如禮天官之屬庖人賈八人釋文賈音古又音嫁下放此至夏官之屬馬質賈四人止云賈音嫁註及下同則弃初音而從次音矣秋官之屬庶氏釋文庶音煑又章預反至後庶氏掌除毒蠱止云庶章預反則亦弃初音而從次音矣其最差雜者則記文王世子凡學世子及學士必時釋文凡學

世子戶孝反敎也下小樂正學干籥師學戈學舞干戚同若以義推之學世子之學既爲戶孝反學士之學當同音又以經文所謂學世子學士必時推之則春夏學干戈秋冬學羽籥正承上文必時之意故疏有秋冬羽籥同敎春夏亦同敎干戈之說疏義以學爲敎則皆從戶孝反釋文何獨於小樂正學干籥師學戈同爲戶孝反而

他皆不音邪又註有所謂陽用事則學之以聲陰用事則學之以事亦皆當從戶孝反而釋文亦無音使讀者拘於音例而失其指趣此大弊也今姑識之以俟觀者擇焉

有當音當切而比附聲近者如所謂附近之近間厠之間間隙之間（平聲）伺候之伺（平聲）爭鬬之爭應對之應是也今亦皆存其舊不

欲更爲音切

有一字數切而自爲庬雜者一長上聲字也則丁丈張丈知丈展兩反一中去聲字也則丁仲張仲貞仲反後來監韻所收則長爲展兩反中爲陟仲反豈不明白歸一哉初欲更而爲一以他音亦有類是者姑悉存其舊

有用吳音爲字母而反切難者沈氏徐氏陸

氏皆吳人故多用吳音如以丁丈切長字丁仲切中字是切作吳音也以至蒲之爲扶補之爲甫邦之爲方旁之爲房征之爲丁鋪之爲孚步之爲布惕之爲飭領之爲冷茫之爲亡姥之爲武敵之爲直是以吳音爲切也此類不可勝紀但欲知此只以吳音切之可也

有反切難而韻亦不收者如周禮掌固夜三

鼜以號戒註趣與造音相近而趣音爲莊久反天子圭中必必府結反論語其庶乎屢空空力縱反是已

有不必音而音當音而不音者如治字本不必音乃音爲直吏反平聲則不音以爲正字固也而周禮小宰註平治也則云如字下治其施舍同寀治字從水從台台本音怡諧聲故爲平聲於此獨音如字者恐人

疑爲去聲故特音之不可以此有音而他無音爲非平聲也毛居正云音持者攻理也凡未治而攻之者則平聲經史中治天下左傳治絲大禹治水治玉曰琢治兵治獄之類是也爲理與功効則去聲經史釋音自可識或無明音亦準此推之雖然曷不以文公爲準乎其釋大學先治其國欲治其國皆音平聲家齊而後國治治國治而

後天下平皆音去聲仍於二音之下俱云後放此是使人可以意求也文公於孟子梁惠王上奚暇治禮義亦音平聲凡爲理物之義者放此蓋平聲係使然去聲係自然初不難辯又如數目之數三數之數每音上聲數算之數數責之數每音去聲至左傳釋文則數責之數兼有上聲去聲二音至史記釋音及宋景文國語補音則以數責之數爲上聲矣今四方之音却

與國語史記音合惟吳音不爾
有當音或不音而可以例推者詩載芟春藉
田而祈社稷註藉之言借也藉字釋文無
音孟子滕文公助者藉也孫奭釋文亦無
音參以記王制古者公田藉而不稅註亦
云藉之言借也釋文藉在亦反借子亦反
則知春藉田之藉與助者藉也之藉皆當
從在亦反又考之說文帝耤千畝其上無

廿亦從入聲又漢書名聲藉甚註云狼藉甚盛也其字上亦從廿以此知古藉字有入聲不但藉田之藉助藉之藉為然也今監韻亦收藉田之藉在二十二昔韻則藉之當從入聲為愈明矣近世學者因藉借之義多有讀孟子藉字為去聲殊不知借字古亦是入聲也

有當音當切遺於前而見於後者如易乾卦

九二註德施周普上則過亢施亢二字釋文初皆無音至上九亢龍有悔始音亢苦浪反彖雲行雨施始音施始豉反書序康王之誥合於顧命顧字釋文初無音至顧命篇始音工戶反禮地官均人註主平土地之力政者政字釋文初無音至後均人之職地政力政始音征冬官輪人註蓋高一丈高字釋文初無音至匠人營國雉長

三丈高一丈始音古報反春秋左傳隱元年費伯帥師城郎註高平方與縣東南有郁郎亭方與二字釋文初無音至二年公及戎盟于唐註高平方與縣北有武唐亭始音方爲房與爲預此類甚多蓋陸德明作釋文時不甚檢點故後先倒置爾今各隨其義而加圈發

有經文兩字同而音義有異者周禮之施舍

與左傳之施舍音義有不同地官大司徒之舍禁弛力又與小宰小司徒鄉師之施舍音義不同大司徒之弛力註息繇役也舍禁註公無禁利也舍讀爲捨小宰小司徒鄉師之施舍註謂應復免不給繇役者釋文施式氏反舍字無音左傳之施舍註以施爲施恩惠舍爲舍勞役施舍二字釋文皆無音蓋周禮之施字從上聲左傳之

施字則從平聲以註義施恩惠推之亦可從去聲以釋文無明音只從平聲蓋施之爲義加也設也從平聲及也延也從去聲以義考之則音可見至舍字則二經皆去聲也左傳本不可以言經今從俗所謂汴本十三經建本十一經稱之近世傳讀多以周禮施舍之舍爲捨蓋以註文復免不給繇役有捨之義殊不知舍之爲義置也所謂復免繇役及舍勞役皆以置而不役爲義則讀爲如字音義俱通左傳釋文多有此比如僖十五年

呂甥對秦伯曰服而舍之二十八年晉侯欲殺魏犫曲踊三百乃舍之又晉侯曰宋人告急舍之則絕凡此等舍字釋文初音皆從如字此又舍從去聲之明證也

有字同音異隨註義以爲別者如詩大序註謂好逑也好呼報反關雎君子好逑則以如字爲初音呼報反爲次音蓋大序鄭註也故註文好逑之好從呼報反圈發爲去

聲若詩則先有毛傳而後有鄭箋當以毛音爲正故詩文好逑從毛音只爲如字此類惟詩與禮最多然詩則以毛傳爲正音禮則多以康成之說折衷此又在觀者尋其指趣而爲之區別也

有釋文起音之字與經文註文異者如記曲禮註膺撝此引少儀經文也釋文則以撝爲葉音如字禮地官大司徒其植物宜皁

物諸本經文只是皁字釋文則曰早音皁又如均人旬用之旬註旬均也讀如𤳱𤳱原隰之𤳱釋文不以經文旬字起音而以𤳱字起音（釋文云𤳱音均又舒均反又音旬）春官巾車藻車藻蔽註故書作轈釋文不以經文藻字起音而以轈字起音（釋文云轈音總又音藻又倉會反）又夏官圉師夏庌馬釋文不以經文庌字起音而以註文訝字起音（釋文云爲訝五嫁反）此皆陸氏因

其時所祖之本隨各字而起音也觀者知其故則可以知其音矣

有照註義當爲初音而釋文以爲次音者詩不弔昊天毛鄭註皆以弔爲至左傳昭十六年帥羣不弔之人哀十六年旻天不弔杜註亦皆以弔爲至凡此弔字更考註義當以丁歷反爲初音釋文則以如字爲初音禮夏官挈壺氏註讀爲絜髮之絜疏云

絜即結也當以結爲初音釋文以苦結反爲初音冬官韗人註讀韗爲運釋文以況萬反爲初音樸屬註讀樸爲僕釋文以普剥反爲初音春秋哀四年盜殺蔡侯申註不言弑賊盜也釋文殺申志反之類

句讀

監蜀諸本皆無句讀惟建本始倣館閣校書式從旁加圈點開卷瞭然於學者爲便然亦

但句讀經文而已惟蜀中字本興國本併點註文益爲周盡而其間亦有於大義未爲的當者今就其是者而去其未安者大指皆依註疏雖儒先章句行於世者亦不敢雜於其間若疏義及釋文攷之所見而有未安者則亦不敢盡從也姑疏一二于下如書牧誓庸蜀羌髳微盧彭濮人註羌在西蜀叟疏誤以西蜀叟爲句案西戎居析支渠搜之地禹貢所謂西戎即敘者也孔傳於西戎即敘之下明言羌髳之屬漢時先零罕开正居析支渠搜之地所謂賜支河首即禹貢之析支

也以此證之羌在西當爲一句蜀叟者孔傳以叟字解蜀字也後漢之季呂布既誅董卓卓將李傕等攻布布有叟兵内反傕等遂破長安及馬騰劉範之攻傕也益州牧劉焉遣叟兵五千助之章懷太子賢註曰叟蜀兵以此證之蜀叟當自爲一句今已改定句讀又如禮地官委人掌斂野之賦斂薪芻考之註疏當以掌斂野之賦爲一句以斂薪芻屬之下句釋文賦斂力豔反則是以掌野之賦斂薪芻爲一句今姑依釋文爲句又案釋文惟稅斂賦斂之斂力豔反至斂弛斂市佽布斂其皮角斂總布斂市之不售春頒秋斂與此斂野之斂皆無音謂當如字讀從上聲也若照註疏則此斂野之賦與斂薪芻之斂皆當從上聲既照釋文以賦斂薪芻連文讀之則斂薪之斂從去聲此當入音釋例因句讀之例而附見于此

脫簡

諸經惟記禮獨多見之玉藻樂記雜記喪大記註疏可考興國本依註疏更定亦覺辭意聯屬今則不敢倣之第以所更定者繫於各篇之後庶幾備盡大學一篇文公所更定天下家傳而人誦之書之武成先儒亦嘗更定但今本止以註疏爲據所以不敢增入

考異

石經亦别有考異一卷今倣之

書禹貢滎波既豬及導沇水東流爲濟入于

河溢爲滎凡滎字皆從水禮夏官職方氏豫州其川熒雒經文熒字從火註滎字多從水左傳衞懿公及狄人戰于熒澤及杜預註自隱元年以來所引熒陽者不一熒字率多從火釋文云作滎者非若合書禮左傳而言之則同此滎耳以水溢言之則曰滎波熒澤以秦漢置縣及魏晉之後置郡言之其地在滎水之陽則曰滎陽故孔註禹貢則曰泉源爲

沇流去爲濟濟水入河竝流十數里而南截
河又竝流數里溢爲滎澤在敖倉東南鄭註
職方氏則曰滎兗水也出東垣入于河泆爲
滎滎在滎陽波讀爲播禹貢曰滎播既都杜
預註滎澤之戰則以滎澤當在河北孔穎達
疏曰禹貢豫州滎波既豬導沇水入于河溢
爲滎在河南此時衞都河北爲狄所敗乃東
徙渡河故知此滎澤當在河北但沇水入河

乃溢被河南多故專得滎名其北雖小亦稱滎也參考諸家之說則滎波之滎熒雒之熒熒澤之滎滎陽之滎同以濟水溢爲波爲澤而得名釋文於左傳決然以爲作滎者非似未深考也只如禹貢之滎波既豬鄭引以註職方氏則曰滎播既都禹貢之沇水鄭註則曰兖水蓋播即波也都即豬也兖即沇也而其字則異焉各因其時所傳之本之舊也滎

字之或從水或從火要亦如此今各從其本之舊而實則一也

唐太宗諱世民若單言民則闕斜鈎而作巳若從偏旁則闕上畫而作氏如書盤庚之不昏作勞呂刑之泜泜棼棼左傳昭公二十九年若泜弃之之類今皆更定

書泰誓註吉人渴日以爲善凶人亦渴日以爲惡疏以渴作竭釋文渴苦曷反汎而觀

之疏則以其義爲竭盡之竭釋文則音爲飢渴之渴然考之周禮渴澤用鹿渴其列反則渴字亦有竭音說文渴丘葛反盡也則音飢渴之渴其字亦有竭義註所謂渴日蓋猶言盡日也今只作渴

詩定之方中註馬七尺以上爲騋諸本皆是馬七尺爲騋惟余仁仲本有以上二字以釋文考之則疑舊有以上二字而傳寫逸

之也釋文於騋牡二音之下便有上時掌
反一音考註文別無上字而釋文有上音
此明舊有以上二字也疏曰七尺爲騋廋
人文也又考禮廋人馬七尺以上爲騋六
尺以上爲馬則周禮亦有以上二字余本
爲是今從之
鴟鴞予尾翛翛監本蜀本越本皆作脩脩興
國本及建寧諸本作翛翛及考疏則曰舊

本作消消定本作脩脩又考釋文則翛翛
素彫反蓋監蜀越本以疏爲據興建諸本
以釋文爲據也今從釋文又巧言昊天大
膴蜀本越本興國本皆作泰余仁仲本及
建大字本作大釋文大音泰徐勑佐反此
亦以釋文爲據也今亦從釋文
雨無正首章云浩浩昊天不駿其德章內昊
天疾威弗慮弗圖俗本皆作旻天以釋文

有密巾反遂併經與註竝改作旻直謂有
作昊天者非及考疏則曰上有昊天明此
亦爲昊天定本皆作昊天俗本作旻天誤
也今從疏及諸善本
生民實覃實訏箋云訏謂張口嗚呼也諸善
本皆作嗚余仁仲本作嗚蓋以嗚字駮俗
而從嗚字也及考疏則曰訏音呼字又從
言故爲張口嗚呼是其聲音已大於呱呱

之時因言張口嗚呼即說聲音之大今從
疏及諸善本作嗚
記曲禮二名不偏諱偏合作徧疏曰不偏諱
者謂兩字作名不一一諱之也案舊杭本
柳文載子厚除監察御史以祖名察躬辭
奉勑二名不遍諱不合辭據此作遍字是
舊禮作偏字明矣若謂二字不獨諱一字
亦通但與鄭康成所註舊文意不合可見

傳寫之誤然仍習既久不敢如蜀大字本
興國本輕於改也
檀弓孔子過泰山側閒婦人之哭於墓者實
使子貢而興國及建諸本皆作子路考之
疏亦不明言何人及考石本舊監本蜀大
字本越上註疏本皆作子貢未知孰是以
家語證之則子貢也
月令孟夏丘蚓出仲冬蚯蚓結同此蚯蚓也

而有丘蚯之異既諸本皆然不欲輕改曾子問夏后氏三年之喪既殯而致事殷人既葬而致事而註中周卒哭而致事一句獨興國本大書而爲經文曰周人卒哭而致事視註復添一人字以三代之禮豈言之末爲非也及考舊監本註周字乃作則字如此則是第言夏殷而不及周人今皆從舊不敢改也

喪服小記除殤之喪其祭也必玄註殤無變
文不縟諸本多縞惟興國本及釋文作縟
及考之疏則曰除殤之喪即從禫服是文
不繁縟也今從疏及釋文
少儀笏書脩苞苴弓茵席枕几頻杖琴瑟註
頻警枕也疏本作頴釋文及建諸本作頍
監本及興本作頴玉篇廣韻亦有頴字釋
篋也雖與註所謂警枕不同亦足以明頍

爲一物也但疏謂鄭註以頴爲警枕者所以別下文經文郤刃授頴之頴則以爲兩頴字字同而義異釋文以警枕之熲其旁下從火音京領反以授頴之熲其旁下從示者役頂反則字異而音亦異又未知監本興國本頴字其旁下從木者以何本爲據今熲頴二字皆依釋文而竝識之以見異同

祭義濟濟者容也容以遠諸本閒以王肅音爲口白反遂以容字作客字及考石經舊監本蜀大字本及越本註疏竝作容疏云容以遠謂事容貌非所以接親親也一字爲容一字爲客未之有也今依疏義及石經等本竝改作容

儒行慎靜而尚寛強毅以與人監本及諸本有無尚字者建大字興國本余仁仲本則

有尚字及考疏則曰既愼而靜所尚寬緩
也今從之
禮天官大宰百工飭化八材鄭司農註云珠
曰切象曰瑳諸本有作骨曰切者及考疏
則云珠曰切之下竝爾雅文皆治器用之
名也然今爾雅云骨曰切蓋司農讀爾雅
本作珠也如此則舊本自是珠字由今觀
之則骨曰切爲通俗珠曰切爲駭俗今存

古只從珠字

小宰凡祭祀贊王幣爵之事諸本王皆作玉惟越註疏及建大字本作王以義考之良是諸本作玉幣爵者因大宰職有贊玉幣爵之文遂以此王幣爵亦爲玉幣爵小宰所贊之幣爵固大宰所贊之玉幣爵也但於此則決非玉字何以明之大宰贊玉幣爵上文先有贊王牲事明贊玉幣爵贊王

之玉幣爵也小宰職畀不獲贊王牲事而與贊幣爵之事上文未有王字故以王幣爵言之亦明其贊王也註所謂從大宰助王其義甚明由此言之則王字是而玉字之爲非也昭昭矣

地官總列職名有饎人稾人及經分職掌則饎作⿰食熙稾作槁同此一職而字不同考舊監本蜀大本則竝改而爲饎與稾而監本

又於稾字上添從廾既重思之饎與槁字註中有之音義復釋之則不必改作饎與稾亦可而監本又於稾字上添廾者蓋夏官亦有稾人恐惡夫同也

卿大夫正歲令羣吏攷法于司徒以退各憲之於所治國大詢于衆庶則各帥其鄉之衆寡余本云各憲之於所治之國既妄添一之字又以國字屬上句俗本多與此同

及考諸善本竝無之字而國字自屬下句越本註疏於所治之下且入註一段如此則愈足證矣

左傳僖二十三年懷與安實敗名建本及諸俗本多作懷其安今從監本蜀本及諸善本作與字

僖三十年若不闕秦將焉取之諸本多無若字與將字建上諸本則有之真西山文章

正宗亦依建上諸本竊謂上句有若字下句有将字文意尤爲明暢今從之

哀十六年石乞曰此事也克則爲卿不克則烹諸本多無也字蜀大本興國本建大字本有也字今從之

孟子滕文公草尚之風必偃註云尚加也草而加以風則偃諸俗本多因論語草上之風必偃遂以尚爲上今已改定

離婁政不足閒也俗乃添一與字與人不足與適也句同又烏可已也俗本無也字今一削一增

公羊穀梁傳

春秋三傳於經互有發明世所傳十一經蓋合三傳竝稱乾淳閒毛居正嘗參校六經三傳當時皆稱其精確刊修未音中輟廖氏刊九經未暇及公羊穀梁二傳或者

惜其闕焉因取建余氏本合諸本再加考訂與九經竝刊句讀字畫悉用廖氏例惟是余仁仲本於陸氏釋音字或與正文字不同如釀嘲作讓曰蒐作廋之類竝兩存之參它本皆然今亦不敢輒有更定

春秋年表

三朝藝文志不載作者名今諸本或闕號名或紊年月參之經傳多有舛錯不無刊

寫之誤如諸國君繼立有簒奪者表止書某立今增入諸國君有弑殺表例書某卒今改定諸國君卒或年與月誤或稱某公子若弟與兄誤今考註疏刊正諸國君卒與立皆書惟魯闕今依經傳添補如鄭莊公卒表書厲公突立突出奔按經傳昭公立宋人執祭仲以厲公歸而立之昭公奔衛如莒著丘公去疾表書又名郊公按傳

著丘公卒郊公不慼註郊公著丘公子如楚莊王旅誤爲旋晉景公獳誤爲孺若此類不可枚舉皆以經傳正之史記年表書事今表止書繼立循舊不敢增按館閣書目元豐中楊彥齡撰二卷紹興中環中撰一卷今本一卷與紹興本及藝文志所載者同

春秋名號歸一圖

按史藝文志春秋名號歸一圖二卷馮繼先撰刊本多訛錯嘗合京杭建蜀本參校

有氏名略同實非一人而合爲一者有名字若殊本非二人而析爲二者有自某國適它國而前後互見者有稱某公與某年而經傳不合者或以傳爲經或以註爲傳或偏旁疑似而有亥豕之差或行數牽聯而無甲乙之別若此類非一今皆訂之經傳刊其譌謬且爲分行以見別書若雜出於經傳與註而止稱經或傳註散見於前

後數年間而止稱某公某年蓋據始見而
書之廖本無年表歸一圖今既刊公穀併
補二書以附經傳之後

九經三傳沿革例終

附録一

刻本序跋

序

任大椿

宋岳珂《九經三傳沿革例》，《經義考》載在「群經類」。明張萱謂：「宋相臺岳珂家塾刊本，與《九經總例》相同。」今考是書，凡分六類：曰「字畫」，曰「注文」，曰「音釋」，曰「句讀」，曰「脱簡」，曰「考異」。蓋合家塾所藏二十三本，反覆讎校，而成是編。珂深於經訓，深思而詳辨之，其決擇是非，能會經文上下語義，而證之以注、疏、釋文，然後求之於諸本異同。覃思旁訊，妙悟瑩徹，匪僅以校本之多見該博也。其中精義甚多，姑以所見略舉數端。

珂謂：《王制》「藉而不稅」，釋文：「藉，在亦反。借，子亦反。」則知「春藉田」之「藉」，與「助者藉也」之「藉」皆當從「在亦反」。近世學者因藉借之義，多有讀《孟子》「藉」字爲去聲，殊不知「借」字古亦是入聲。（以上例文。）考《説文》：「借，從人，昔聲。」則「子亦反」，本「借」字古音也。《禮部韻略》於《昔韻》「借」字下注云：「取者，入聲。與者，去聲。」「藉助」之「藉」，乃正是「取者，入聲」也。宋庠《周語補音》「藉田」之「藉」，無論經、注，皆音「在亦反」；《廣韻》「藉地」之「藉」，「狼藉」之「藉」，兩收《禡》、《昔》二韻，惟「耕藉」之「藉」，與「藉助」之「藉」，（《廣韻》作「耤」。）則獨收《昔韻》，是其古音，只有「在亦反」一讀也。「藉」、「借」二字並是入聲，音訓復相近，故「借」或通作「籍」。《史記·季布傳》「少年多時時竊籍（與藉通。）其名」，《索隱》曰：「籍亦子亦反。」又《郭解傳》「以軀耤（藉本字。）人報仇」，師古曰：「耤亦借助矣。借本子亦反，借通作籍，亦子亦反。」可知二字古音皆不讀去聲。珂謂《孟子》「藉」字不當讀爲去聲，明於古音者也。

珂又謂：《書·牧誓》「庸、蜀、羌、髳、微、盧、彭、濮人」，注云「羌在西蜀叟」，疏誤以「西蜀叟」爲句。漢時，先零罕羌正居析支渠搜之地，所謂「賜支河首」，即《禹貢》之析支也。以此正之，「羌在西」者爲一句。「蜀叟」者，孔傳以「叟」字解「蜀」字也以上例文。今考《逸周書·王會解》「渠叟以鼩犬」，「渠搜」作「渠叟」。《莊子·寓言篇》釋文：「搜搜，本又作叟。」叟是搜，通作叟。珂以「蜀叟」之「叟」爲「渠搜」之「搜」，極爲有據。《後漢書注》以「叟兵」爲「蜀兵」；《華陽國志》武都郡有「麻田氐傁」，據《方言》，「傁」即「叟」也。又曰：「大種曰昆，小種曰叟」，此「叟」種類隸在「蜀徼」。珂謂孔傳以「叟」字解「蜀」字，其義甚精。

珂又謂：《書·泰誓》注「吉人渴日以爲善，凶人亦渴日以爲惡」，疏以「渴」作「竭」，釋文「渴，苦曷反」，音爲「飢渴」之「渴」。考之《周禮》「渴澤用鹿」，

「渴，其列反」，則「渴」字亦有「竭」音。《説文》：「渴，邱葛反，盡也。」則音「飢渴」之「渴」，其字亦有「竭」義。注所謂「渴日」，猶言盡日也。以上例文。考《説文》：「㵣，欲飲也。從欠，渴聲，苦葛切。」「渴，盡也。從水，曷聲，亦苦葛切。」然則《説文》本以「㵣」爲「飢㵣」字，别以「渴」爲「渴竭」，字音雖同，而訓則異。「渴」以「竭」爲義，乃本字本訓也。《公羊·隱四年》傳「不及時而日渴葬也」，注云：「渴，喻急也。」「渴」訓爲「急」，與訓爲「竭」義可互證。珂從疏義，以「渴日」爲「竭日」，體會最確。

珂又謂：《春官·龜人》「西龜曰靁屬，北龜曰若屬」，注「左倪靁，右倪若」，釋文「靁，力胄反，又如字」。考疏則云：『「左倪靁」者，《爾雅》云『左倪不類』，不類即類，一也；『右倪若』者，不若即若也。」如以疏義，下文「不若即若」證上文「不類即類」一語，疑「靁」當讀爲「類」，從力胃反。豈「胄」字即「胃」字之誤耶？以上例文。考今本釋文，「力胄反」乃作「力胃反」，豈珂所見獨爲誤本乎？抑或校今本者，因珂此説，遂改「冑」爲「胄」耳？要可證其説之精也。

珂又謂：《曾子問》「夏后氏三年之喪，既殯而致事；殷人既葬而致事」，而注中「周卒哭而致事」一句，獨興國本大書爲經文，曰「周人卒哭而致事」，視經文復添一「人」字。以三代之禮並言之，未爲非也。及考舊監本注，「周」字乃作「則」字。如此，第言夏、殷，而不及周人，今皆從舊，不敢改也。以上例文。考此節正義釋注曰：「知『周卒哭致事』者，以喪之大事有三：殯也，葬也，卒哭也。夏既殯，殷既葬，後代漸遠，以此推之，故知周卒哭也。」據疏義，則「周卒哭而致事」句決非經文，若爲經文，疏又何必云「以此推之，故知周卒哭」耶？惟經文但著夏、殷之制，而不及周，鄭氏特從夏、殷推廣而知之耳。興國本誤注作經，珂之不從興國本而改舊本，深合疏義。至舊監本「周」之作「則」，義不可通。蓋「既殯致事」，夏制也；「既葬致事」，殷制也；「卒哭致事」，周制也。若改「周」字爲「則」字，「則卒哭而致事」，不知指何代之制矣。珂云「不敢改」者，謂不敢以舊監本「則」

字，改定本「周」字耳。

珂又云：《喪服小記》「除殤之喪，其祭也必玄」，注「殤無變，文不縟」，諸本多作「縞」，惟興國本及釋文作「縟」。及考之疏，則曰：「除殤之喪，即從禫服，是文不繁縟也。」今從疏及釋文。以上例文。考此節注文，據疏讀之，「殤無變」爲句，「文不縟」爲句，「玄冠玄端黄裳而祭」爲句。「冠」字上諸本脱「玄」字。若「縟」字誤作「縞」字，則是云「文不縞」矣，成何義耶？故當以珂説正之也。

珂又謂《鄉大夫》「正歲，令群吏攷法於司徒〔一〕，以退，各憲之於所治之國」，既妄添一「之」字，又以「國」字屬上句，俗本多與此同。及考諸善本，並無「之」字，而「國」字自屬下句。越本注疏於「所治」之下，且入注一段，如此，則愈足證矣。以上例文。考經文「各憲之於所治之國」，疏云「各憲之於其所治」，則賈疏所據之本，乃至「治」字爲句，並無「之」字，亦不下連「國」字。蓋鄉大夫各掌其鄉之政教禁令，不及邦國，不得云「所治之國」也。珂謂「之」字乃後人所添，誤以「國」

字屬上句，[三]證之疏義而愈明。又經文「大詢於衆庶」句，疏云：「國有大事，必順於民心，故與衆庶詢謀。」據此，則「大詢」二字上明有「國」字。又下文「國有故」與此文「國大詢於衆庶」語義正同，皆指國之大事也。珂謂「國」字與「大詢」連讀，既合疏義，又與上下句法一例。至康成注「大詢」者云云，又鄭司農云「大詢於衆庶」，皆從「大」字起句，不連上「國」字。則後人於經文「所治」二字下既添「之」字，以「國」字屬上句，遂并本句註内「國」字盡删之耳，皆可以珂説正之也。

珂又謂《孟子・滕文公章》「草尚之風必偃」，注云：「尚，加也。草而加以風，必偃。」諸本多以《論語》「草上之風必偃」，遂以「尚」爲「上」。以上例文。考趙岐《孟子章句》，「上」字明作「尚」字，注曰：「尚，加也；偃，伏也。以風加草，莫不偃伏也。」「上」之作「尚」，《章句》實其明證。

他如《小宰》「贊玉幣爵之事」，謂「玉」字當作「王」字，與「太宰贊玉幣爵」不同。蓋《太宰》「贊玉幣爵」上文有「贊王牲事」，明「贊玉幣爵」，贊王之玉幣爵也。小宰職卑，不獲贊玉牲事，而與贊幣爵之事。上文未有「王」字，故以「王幣爵」言之，亦明其「贊王」也。注所謂「從太宰助王」，其義甚明。珂此説，於經文字句體會義例，至精至確，不待旁引曲證而自明矣。

是編向無刊本，今特梓而行之，俾讀經者知所從事，亦庶幾知經之不易讀也。賈昌朝《群經音辨》、毛居正《六經正誤》雖稱綜覈，然求其離精而摘髓，則較是書爲不逮矣。乾隆五十二年十月，興化任大椿書。

（據任本卷前録，又收於焦循輯《揚州足徵録》）

［一］「令」，原作「合」，據《沿革例》正文改。

［二］「上」，原作「下」，據《沿革例》正文改。

跋

伍崇曜

右《刊正九經三傳沿革例》一卷，宋岳珂撰。案珂字肅之，號亦齋，復號倦翁。湯陰人，鄂忠武王孫，敷文閣待制霖子。管内勸農使，知嘉興府，歷官户部侍郎，淮東總領兼制置使。是書《四庫提要》已著録。倦翁工倚聲，周草牕《絶妙好詞》録其《滿江紅》《生查子》二闋，俱工。《宋稗類鈔》稱：辛稼軒自誦《賀新涼》《永遇樂》二詞，使坐客指摘其失。倦翁謂《賀新涼》詞首尾二腔語多相似，《永遇樂》詞用事太多。稼軒大喜，酌酒謂坐客曰：「夫君實中余痼。」又稱劉改之自誦《沁園春》詞，掀髯有得色，倦翁謂恨無刀圭藥療君白日見鬼症，則游戲之談耳。至《京口三山志》録其「多景樓」《祝英臺近》有云：「古來多少英雄，平沙遺恨。」又云：「落日潮頭，慢寫屬鏤憤。斷腸煙樹揚州，興亡休論。」則忠武後人撫時感事，憂憤填膺，百端交集矣。顧多著撰，有《玉楮集》《媿郯録》《讀史備忘》《東陲事略》《桯史》《籲天辨誣録》《金陀粹編》等書行世，而有功經學，則尤推此書。蓋嘗校刊廖本《九經》，增以《公》《穀》二傳及《春秋年表》《春秋名號歸一圖》二書於相臺書塾，是書其「總例」也，諸經印本久已不傳。阮文達《廣陵詩事》稱季滄葦所藏宋版書甲於天下。今内府所藏岳珂《五經》，有季振宜小印，則人間不可復覩矣。舊無刊本，任子田侍御刻之，故孫祠《书目》亦已著録。侍御序稱其「深於經訓，深思而詳辨之」，「妙悟瑩徹，匪僅以校本之多見博洽」，洵不誣也。然亦間有脱誤，如第九葉：「《記·内則》註釋『鞶革』、『鞏絲』，則曰『是鞶袠與。』」案「袠」當爲「袟」之譌，所引註與孔疏本「是鞶裂與」異，當别有所本。至第十一葉：「凡有喪遭之喪，平聲。」「遭」下當脱「喪」字；「若『稍食』之『稍』與『家稍』之義，亦無音，何也？」「義」下當脱「異」字。第十三葉：「又註有註『陽用事則學之以聲。』」[一]

下「註」字當爲「云」字之譌。第十九葉：「又案釋文『惟弛賦斂』之『斂』，力豔反。」「弛」字疑衍。第廿一葉：「孔穎達《禹貢》豫州『滎波既豬』。」「達」下當脱「疏」字；「《左傳·昭公二十九》『若泯弃之』之類。」「九」下當脱「年」字。第廿四葉：「視經文復添一『人』字。」「經文」當爲「註文」之譌。第廿八葉：「循舊不敢。」「敢」下當脱「改」字。或原刻如是，謹仍之而附記於此，重付剞劂焉。鮑氏知不足齋亦刻是書，則桐華館訂正本也。咸豐甲寅上元後二日，南海伍崇曜跋。

（據《粤雅堂叢書》本卷末録）

［一］　下「註」字原無，據任本《沿革例》補。

跋

張鈞衡

《九經三傳沿革例》一卷，宋岳珂倦翁撰。倦翁爲岳忠武王飛之孫，㬊文閣待制霖之子。官至户部侍郎，淮東總領制置使。家本湯陰，南渡後居於嘉興之金陀坊。《九經三傳》者，《九經》之外增以《公》《穀》與《春秋年表》《春秋名號歸一圖》同刻。《四庫》收之，任子田、鮑渌飲、伍崇曜均刻之，嘉慶甲戌儀徵汪紹成又影刻宋本，海内學者均知是書之佳。顧任本言「紂至親不如周家之多仁人」，此本作「少仁人」。正義明「多惡不如少善，多指億萬，少指十人」，則「少」字是。顧本「一人冕」作「脱」，此本作「鋭」，爲是。鮑本均與此合，每條添作間隔，與伍本均出鈔本。伍刻跋云：「『《内則》註釋「鞶革」、「鞶絲」，則曰「是鞶袠與」』，案『袠』當爲『衮』之譌[一]，所引注與孔疏本『是褩裂歟』異。」此本實作「褩裂」，並不作「裦」。又：『凡有喪遭之喪，平聲』，『遭』下當脱『喪』字。」此本未脱。『若「稍食」之「稍」與「家稍」義，亦無音，何也？』『義』下當脱『異』字。」此本未脱。「『又案釋文「惟弛賦斂」之「斂」，力艷反』，『弛』字疑衍。」此本作「惟賦斂、税斂」之「斂」，無「弛」字。「『孔穎達《禹貢》豫州「滎波既豬」』，『達』下當脱『疏』字。」此本未脱，鮑本作「疏曰」。「『《左傳·昭公二十九》「若泯弃之」類』，『九』下當脱『年』字。」此本未脱。「『視經文復添一「人」字』，『經文』當爲『注文』之譌。」今本正作「注」，亦無「文」字。「『循舊不敢』，『敢』下當脱『改』字。」此本作「增」。凡伍本訛脱，此本均不誤。汪本最佳，摹印極少，今得傳是樓影鈔本，再刻之。季滄葦藏《五經》已入大内武英殿摹刻，惟妙惟肖，《春秋年表》兩種附於《左傳》上。《三禮》《左傳》明嘉靖時刻之，《孝經》亦有影宋本，止《公》《穀》未見耳。癸丑七夕烏程張鈞衡跋。

〔一〕「之」，原作「云」，據伍本跋語改。

（據《擇是居叢書》本卷末録）

附録二

讀《相臺書塾刊正九經三傳沿革例》

張政烺

一 論本無「宋岳珂撰」四字

《相臺書塾刊正九經三傳沿革例》一册，原附於相臺岳氏所刻之《九經三傳》以行。經傳傳本多不完，此《沿革例》遂離析單行，藏書家往往著録。好事者見其内容翔實，有裨經學，遂展轉翻刻。歷史語言研究所見存之本有：

《正誼齋叢書》本，封面題「嘉慶甲戌孟冬影宋本開雕，揚州汪氏藤花榭藏版」，有嘉慶二十年焦循序。《藤花榭經學五種》所收亦即此版。

《擇是居叢書》本，尾題「烏程張鈞衡石銘據景宋寫本開」。所據是昆山徐氏傳是樓寫本，有民國二年張鈞衡跋。

兩者皆影刻本，雖點畫不免小有異同，而行款一仍原式，信此書之善本也。又有：

《知不足齋叢書》本，乾隆五十三年長塘鮑氏刻，無序跋。

《璜川吴氏經學叢書》本，封面題「嘉慶庚辰依也是園影宋本重刊」，無序跋。

《粤雅堂叢書》本，咸豐四年南海伍崇曜刻，有跋。又首載乾隆五十二年任大椿刻本序。

則皆經校訂，改寫付梓，更易行款，非復本來面目矣。

以上所列，汪、張及鮑、吴諸本皆無著者姓名，必原本如此。伍本卷首標題後有「宋岳珂撰」一行，乃校刻時以意增入。此本前有任大椿重刻序，知自任本出。任刻今未見，此「宋岳珂撰」四字或即任氏所加，不始於伍氏也。

相臺書塾所刻之《九經三傳》，傳世日罕，舊惟《天禄琳琅書目》中著録數種。若武英殿仿刻《五經》則流通甚廣，其書每卷末有「相臺岳氏刻梓荊溪家塾」或「相臺岳氏刻梓家塾」木刻牌記，爲長方、橢圓、亞字諸式，具大小篆、隸、楷書等體，此外并無刻者姓名。然則謂相臺經傳係岳珂所刻，於《沿革例》補題「宋岳珂撰」四字者，乃據後人推斷之辭，非載在本書也。

相臺之名，由來已久。吴處厚《青箱雜記》卷八：

相有銅雀臺，故相州謂之相臺。

岳飛《五嶽祠盟記》：

余發憤河朔，起自相臺。（《金陀粹編》卷十九。又趙彦衛《雲麓漫鈔》卷一，記岳侯題宜興張氏廳事屏文，與此略同，亦有此二句。）

岳珂爲飛之孫，故所著書姓名上常冠「相臺」二字，今所見如：

《愧郯録》，《四部叢刊續編》影印宋本，序及每卷前皆題「相臺岳珂」四字。

《桯史》，史語所藏宋本，行款及刻工名與宋本《愧郯録》同，皆嘉定間岳珂守嘉興所刻也。

《棠湖詩稿》，影印宋書棚本，卷前題「相臺岳珂肅之」。

數者皆非僻書，宜「相臺岳珂」之稱爲人所習知。是以自明萬曆重編《内閣書目》以降，公私藏書目録及著述校讎等事，涉及相臺《九經三傳》或《沿革例》者，皆以爲出於岳珂之手也。然相臺既屬郡望，岳氏之宗族支系非一，如無顯明證據，不得遽以相臺家塾屬之岳珂，此事理之當然者也。

二　徵廖氏《九經總例》

《相臺書塾刊正九經三傳沿革例》向皆以爲岳珂所作，事既無據，而按其内容則又《廖氏世綵堂刊正九經》之《總例》，除卷之前後相臺岳氏略有增附外，大抵保全原文，無所加減。此書標題下有引語一段云：

世所傳《九經》，自監、蜀、京、杭而下，有建余氏、興國于氏二本，皆分句讀，稱爲善本。廖氏又以余氏不免誤舛，于氏未爲的當，合諸本參訂爲最精。版行之初，天下寶之，流佈未久，元版散落不復存。嘗博求諸藏書之家，凡聚數帙，僅成全書。懼其久而無傳也，爰仿成例，乃命良工刻梓家塾。如「字畫」、如「注文」、如「音釋」、如「句讀」，悉循其舊。且與明經老儒分卷校勘，而又證以許慎《説文》、毛晃《韻略》，非敢有所增損於前。偏旁必辯，圈點必校，不使有毫釐訛錯，視廖氏世綵堂本加詳焉。舊有《總例》，存以爲證。

此是岳氏之言，敘廖刻《九經》參訂之精，搜求全書之不易，「爰仿成例」，「刻梓家塾」，「悉循其舊」，「非敢有所增損於前」。而云「舊有《總例》，存以爲證」，可見岳氏乃因仿廖刻《九經》并及其《總例》，以備讀者參考，非創作也。

廖氏世綵堂之《九經總例》，原本今已不傳，惟在明代亦有離經單行之本，其情形與相臺書塾之《九經三傳沿革例》正同。楊士奇《文淵閣書目》卷三「諸經總類」：

《九經三傳沿革例》一部，一册，完全。（政烺按：此下尚有五目，皆注「一部，一册，闕」，今不具録。）

《九經總例》一部，一册，闕。

此所著《九經三傳沿革例》當即相臺岳氏之《例》。《九經總例》與之並列，必其性質相近，蓋即《廖氏世綵堂刊正九經》之《總例》也。楊氏編録文淵閣藏書，不能考訂撰次勒爲成書，傳本又出後人摘録，簡略已甚，遂不易稽考。然有萬曆間重編《内閣書目》，猶可爲證。張萱《新定内閣藏書目録》卷二「經部」：

《九經總例》，一册，全。《九經》諸本互異，此書總其互異者詳辨之，曰「書本」、曰「字畫」、曰「注文」、曰「音釋」、曰「句讀」、曰「脱簡」、曰「考異」，凡七則，依盱郡廖氏元本梓之，莫詳姓氏。

《九經沿革》，一册，全。又一册，全。宋相臺岳珂家塾刊本，與《九經總例》相同。

右列二書即上舉楊目之《九經總例》、《九經三傳沿革例》無疑。楊目注「全」、「闕」乃就書册之完整與破碎而言，觀其所載《九經三傳沿革例》六部，每部皆一册，而一全、五闕，可以推知（此書原刻不過三十九葉，不必分裝二册也）本當時閣中存記册籍，便於典守，自可如此。及萬曆時閣書或已重新裝裱，而張氏校理又頗注意書之内容，故向之闕者復全。張氏所舉《九經總例》中之「書本」、「字畫」等七則，今皆見岳氏《沿革例》中，兩者相同自屬事實。原本蓋不著撰人，故云「莫詳姓氏」。惟云「依盱郡廖氏元本梓之」，語則有誤。國立北平故宫博物院藏有元版《論語》、《孟子》各一部（二書同函），嘗影印入《天禄琳琅叢書第一集》中，每卷末有墨牌記，作方形、亞形、鐘形等式，中刻「盱郡重刻廖氏善本」八字，分二行並列。其書行款與相臺諸經纖悉畢同，而字體遜其輕活流利，蓋同自世綵堂廖氏本出，而刻工有地區之别也。盱郡以盱江得名，江出江西南城縣，宋爲建昌軍治，元爲建昌路治。有盱江書院（見《大明一統志》卷五十三建昌府），此本或刊置書院者。陳澔《禮記集説·凡例》所列校讎經文諸本，興國于氏本之後有盱郡重刊廖氏本（史語所藏明經廠本《禮記集説》及《禮記集説大全》「盱」字皆誤作「旴」，同治十一年山東書局刊本同，自明以來知有盱郡覆廖本者鮮矣）。按陳氏自序題至治壬戌，則此開版當在元英宗以前，當時重刊廖氏《九經》兼及其《總例》，明内閣所藏《九經總例》即此本之離析單行者也。其本之末必亦有「盱郡重刊廖氏善本」八字木記，張萱不察，誤解其義，遂以爲「依盱郡廖氏元本梓之」也。黄虞稷《千頃堂書目》卷三「經解類」《九經三傳沿革例》之後，有：

盱郡廖氏《九經總例》一册。詳辨諸本互異，凡七類：曰「書本」、曰「字畫」、曰「注文」、曰「音釋」、曰「句讀」、曰「脱簡」、曰「考異」。

此即據《内閣書目》載入，觀其記册不記卷可以推知，黄目之體例如此也。盧文弨《補遼金元藝文志》又據黄目載入，不易一字，展轉剿説，悉沿張萱之誤。《天禄琳琅書目續編》卷八著録汲古閣影抄盱郡本《論語》、《孟子》，即從故宫見存本出，印記悉合。葉德輝《書林清話》卷三「宋私宅家塾刻書」條援引，誤爲「盱郡廖氏重刻善本」，其失與張氏《内閣書目》同，兹並正之。

世綵堂廖氏《九經總例》，明清人著録率出於文淵閣本，如葉盛《菉竹堂書目》、傅維鱗《明書·經籍志》，乃抄自《文淵閣書目》，無論矣。趙琦美《脉望館書目》「經書總類」：

《九經三傳總例》一本。

按此言「三傳」，當即相臺岳氏之《沿革例》。又：

《九經總例》、《石經考異》，共一本。

按此即廖氏之《九經總例》及晁公武之《石經考異》。《石經考異》惟有成都石刻本，向未鋟木，《文淵閣書目》卷十三「法帖類」有之。又張萱《内閣書目》卷四「金石部」：

《石經考異》，一册，全。宋乾道間晁公武書。考《十三經》石本、監本互異，凡三百有二科。

《九經總例》中「考異」一項乃仿《石經考異》而作，兩者性質相同，故可合裝爲一本。趙琦美嘗假借内閣藏書，多所繕寫（參考葉昌熾《藏書紀事詩》卷三），因知此數書皆自文淵閣本傳録也。趙氏身後脉望館藏書盡歸錢謙益，其《絳雲樓書目》及《近古堂書目》（原無撰人名氏，收入《玉簡齋叢書》中，今考亦錢氏藏書目也）「小學類」皆有此數種。錢氏書火，本遂中絶。史語所重整内閣大庫殘餘書葉，亦未發見。岳氏《沿革例》以傳世獨夥，幸得不亡，廖氏《總例》亦因以考見，若晁公武

《石經考異》一書，則不可復睹矣。

廖氏《總例》貫穴《九經》，綜其互異，分類舉例辨證，頗爲精審。岳氏仿刻《九經》兼及《總例》，存以爲證，更無竄改，故所增《公羊傳》、《穀梁傳》、《春秋年表》、《春秋名號歸一圖》各條，皆附於卷末，並著明補刻原委，不以相亂。如云：

廖本無《年表》、《歸一圖》。今既刊《公》、《穀》，并補二書，以附經傳之後。

《春秋公羊傳》、《穀梁傳》、《年表》、《名號歸一圖》四書，廖刻本無，《總例》中所未及，岳氏特補著之，而於「書本」、「字畫」、「音釋」、「句讀」諸端皆悉效廖氏法，精細不苟。伍氏刻本《沿革例》此三條皆混入《總例》「考異」條下，殊失岳氏重刻舊《例》無所增損之旨，然細讀本文自辨。汪、張諸本不誤，書貴影刻非無故也。

《沿革例》中之《總例》七則，即其全書之主要部分，乃廖氏世綵堂《九經總例》原文，岳氏未能有所增損於前，明白可見。自來學者習焉不察，概以歸諸相臺，並以屬之岳珂，訛以傳訛，不復研究。雖於經學得失尚微，其關係版本目録之學者則甚大，余故抉而出之。三百年來已就亡佚之《九經總例》一册，竟得一旦復見於人間，鄭樵作《書有名亡實不亡論》，此其例也。

三　世綵堂與廖瑩中

相臺岳氏刻梓《九經三傳》仿自廖氏世綵堂本《九經》，《沿革例》中既著明之，而於廖氏世綵堂之爲何人則未及。《天禄琳琅書目》（清乾隆四十年敕撰）卷一「宋版經部」：

晉杜預《集解》三十卷，自序。

《相臺書塾刊正九經三傳沿革例》云：「世所傳《九經》，有建安余氏、興國于氏二本，皆稱其善。而廖氏以余氏不免誤舛，于氏未爲的當，合諸本參訂爲最精。版行之初，天下寶之。」又云：「廖本《春秋》無《年表》、《歸一圖》。」此書每卷末有木記，曰「世綵廖氏刻梓家塾」，爲長方、橢圓、亞字諸式，具篆文、八分，而不載《年表》、《歸一圖》，岳珂所稱者即爲此本。考《中興藝文志》載《世綵堂集》三卷，稱政和中廖剛曾祖母與祖母享年最高，皆及見五世孫，剛作堂名「世綵」以奉之，士大夫爲作詩。又趙均《石蹟記》廖瑩中刻《世綵堂帖》。瑩中名玉號群玉，爲賈似道客。周密《癸辛雜識》載「賈廖刊書」一條，云：「廖群玉諸書《九經》本最佳，凡以數十種比校，百餘人校正而後成，以撫州萆鈔紙、油煙墨印造。其裝褫至以泥金爲籤。」則其貴重可知矣。

此條考證至精，除以相臺岳氏爲岳珂尚有待考定外，皆精確可信。周密與廖瑩中同時，事多親見，記載自詳。其《志雅堂雜鈔》云：

廖瑩中群玉，號藥洲，邵武人。登科，爲賈師憲平章之客，嘗爲太府丞，知某州，皆以在翹館不赴。於咸淳間嘗命善工翻刻《淳化閣帖》十卷、《絳帖》二十卷，皆逼真。……世綵堂，其家堂名也。

又云：

廖群玉諸書則始於《開景福華編》，備載江上之功。……其後開《九經》，凡用十餘本對定，各委本經人點對，又圈句讀，極其精妙。皆以撫州萆抄清江紙，造油煙墨印刷，其裝飾至以泥金爲籤。然或者惜其删略經注爲可議耳。所開韓柳文尤精好。又節二《禮》本傳以便童蒙習讀者，亦佳。又開《文選》于建寧。其後又欲開《戰國策》及蘇東坡詩，以海陵顧注爲祖而益以他注，未暇入梓而國事異矣。

此記廖瑩中刻《九經》事，與廖氏《九經總例》之情形相合，如云「凡用十餘本對定，各委本經人點對」，即《總例》「書本」條所謂：

合二十三本，專屬本經名士反覆參訂，始命良工入梓。（政烺按：《癸辛雜識》云「凡以數十種比校」。「十餘本」、「數十種」皆約略言之，其確數則二十三本也。）

云「又圈句讀，極其精妙」與《總例》「句讀」條合。今觀相臺、盱郡兩重刻本，斷句謹嚴，開卷瞭然，猶見其美。云「或者惜其删略經注爲可議」者，事至費解，疑指廖氏之删改陸德明《經典釋文》而言。陸書成於陳代，多見古本，學者重之。五代、北宋國子監刻《九經》時並刻《經典釋文》，其中各經《音義》校刊時間先後不一，遂分卷單行，附於各經之後。南宋官版或沿此式，今見撫州本《禮記》、《公羊傳》皆附《釋文》是也。南宋坊間或私家刻經，爲閲讀之便，則按經文分段插入《釋文》。今流傳尚多，如鶴林于氏本《左氏傳》、余仁仲本《公羊傳》、《穀梁傳》及《禮記》，皆沿此式。于、余二本經文分段過長，《音義》去所注釋之經注距離太遠，不便閲覽，廖氏乃大加删改。其事之當否姑不論，其工作則至爲煩難，故在《總例》中所占篇幅亦最多。世人通常以書中之雙行夾注者爲注，《音義》綴於注文之末，周密遂混稱不别。周氏本非經師，所作又非考訂經藝之書，故得約略言之，殆亦本諸耳食之談耳。然廖開《九經》亦確有删略經注之處，惟未必立意如此。學既不精而故爲矜審，刊正過當，遂有誤失也。孟森先生《相臺本周易校記》（涵芬樓藏相臺本《周易注》與鐵琴銅劍樓宋本《周易》單注，兩本合校。文載于《國立北平圖書館館刊》第二卷第三號）極論岳本脱略注文之謬，有整段脱落者，如《遯・九四》「象曰：君子好遯，小人否也」下脱注六字，《説卦》「和順於道德而理於義」下脱注十三字，《雜卦》「小人道憂也」下脱注十八字，《周易略例》標題下脱注七十一字。或因其所據之本不精，先有脱誤。亦或是誤以爲《經典釋文》之文，廖刻對注後所附《釋文》横加翦伐，遂并此亦去之也。又有對注文删節不通之處。孟森先生曰：

《明卦適變通爻》注：「一時有大畜之制，反有天衢之用；一時有豐亨之吉，反有羈旅之凶是也。」宋作：「一時有大畜比泰之制，反有天衢後夫復隍之用；一時有豐亨之用，反有羈旅之凶也。」岳蓋不顧邢注義理，就其文句截爲齊整之式，大有無知妄作之病。按：此注所釋之《略例》正文曰：「一時之制，可反而用也；一時之吉，可反而凶也。」注意謂：《大畜》之上九若反爲陰爻，即山天大畜變爲地天泰；而《大畜·上九》「何天之衢，亨」，《泰》之上六「城復于隍，勿用師，自邑告命，貞吝」，蓋畜極反通、泰極反否之謂也。如岳本則不知所云矣。

岳氏仿刻廖本，如注文、如音釋悉循其舊，凡孟森先生所舉諸謬，世綵堂本必已如此，則其詒譏於當世非無故矣。周密云「所開韓柳文尤精好」者，其書今日猶有傳本，《韓昌黎集》藏聊城楊氏，《柳河東集》藏南海潘氏，原書雖未見，今有上海蟫隱廬影印本，猶可識其面目。每卷後皆有「世綵廖氏刻梓家塾」亞形牌記，與《天禄琳琅》所載廖刻《左傳》之牌記同。以此推之，其餘各經當亦有之。然則岳氏所刻《九經》不僅文字全仿廖本，即每卷後之「相臺岳氏刻梓家塾」牌記亦係依樣仿製矣。

廖刻諸書始於《開景福華編》，在宋理宗景定紀元以後（參考拙作《講史與詠史詩》第一節）。開《九經》更在其後，當在度宗咸淳時。下逮帝㬎德祐元年，賈似道勢敗遷謫，瑩中仰藥死（見《癸辛雜識後集》「廖瑩中仰藥」條），宋室亦亡。綜其前後不過十年，岳氏云「流佈未久，元版散落不復存」，即指此而言。岳氏又云：「嘗博求諸藏書之家，凡聚數帙，僅成全書。懼其久而無傳也。」則其翻刻距廖氏書版散失又有相當之時間，蓋在宋代之後矣。

岳珂著述今頗有不傳者，如《東陲筆略》、《西陲奏稿》、《續東幾詩餘》、《讀史備忘捷覽》等，然其生平大體可考，絕無刊正《九經三傳》之事。又論其年世視廖瑩中爲長，亦不應仿刻廖氏之書。《桯史》卷十一「番禺海獠」條：

紹熙壬子，先君帥廣，余年甫十歲。

由此上推，知珂生於淳熙十年癸卯。《玉楮集》卷八《嘉熙四年九月奉詔改明年元爲淳祐，閏十二月降德音》：

我生淳熙間，今復見淳祐。粤從髮覆額，及此已衰耇。

嘉熙四年珂已五十八，故云「衰耇」，時方以通議大夫户部尚書守當塗（見《玉楮集》卷六及卷八），未幾爲徐鹿卿覈罷（見康熙《太平府志》卷十四及卷二十六），其卒年當距此不遠。而廖瑩中開《九經》在景定紀元以後，距淳熙且八十年，是珂已不及見其泐書，更無論仿刻之事矣。

四 《四庫提要》正誤

岳珂在廖瑩中之前，不得仿刻其所開《九經》，四庫館臣蓋已悟及，故於《刊正九經三傳沿革例》提要不以廖氏世綵堂爲廖瑩中，而以爲廖剛。然此特牽就「相臺岳氏」爲岳珂之説耳，按之實際，殊無當處。其他誤謬尚多，今録其文，辨正於下。

《四庫全書總目》卷三十三「五經總義類」：

《刊正九經三傳沿革例》一卷，宋岳珂撰。珂字肅之，號倦翁，湯陰人，居於嘉興。鄂忠武王飛之孫，敷文閣待制霖之子也。官至户部侍郎、淮東總領、制置使。

按原本無「宋岳珂撰」四字，具如前述。珂於嘉定中守嘉興，未嘗定居於此，錢儀吉《跋棠湖詩稿》論之已詳（《衎石齋記事稿》卷四）。云「官至户部侍郎、淮東總領」，乃據《金陀續編》結銜言之，其莅任在嘉定十四年（見《至順鎮江志》卷十七總領所門），罷免在紹定六年（見《玉楮集》卷一及《金陀續編》跋），其攝制置使事則在紹定元年（見《宋史·李全傳》），未嘗正除。此後，嘉熙二年復除户部侍郎、京湖總領，三年除寶謨閣直學士、提舉江州太平興國宫，封鄴侯，四年除户部尚書知太平州軍州事（並據《玉楮集》）。此其歷官大略，非終於淮東也。

宋時《九經》刊版以建安余氏、興國于氏二本爲善。廖剛又釐訂重刻，當時稱爲精審。

按廖剛有《世綵堂集》，《天禄琳琅書目》論之已詳，惟刻書之事則無考。《天禄》定刻《九經》者爲廖瑩中，證據至確，《提要》不從而以爲廖剛者，蓋泥於「相臺」爲岳珂，與瑩中之時代不合故也。考《宋史·廖剛傳》：「剛字用中，南劍州順昌人，登崇寧五年進士第，以紹興十三年卒。」而建安余氏、興國于氏刻經皆在其後。建安余氏即《沿革例》所謂「余仁仲本」，其書今日流傳有《禮記》（來青閣影印本）、《公羊傳》、《穀梁傳》（《四部叢刊》影印本），乃紹熙間刻，有余仁仲識語可驗。與國于氏本流傳絶罕，惟《寒雲手寫所藏宋本提要廿九種》中有《左傳》殘本一卷，尾有「鶴林于氏家塾棲雲之閣鋟梓」木記，經注皆圈斷句讀，每隔數節附釋音，與《沿革例》云「興國本并點注文」，及「于本音義不列於本文下，率隔數葉始一聚見」者合，蓋即其本。缺諱至「構」字止，「慎」字兩見均不缺，或是紹興末年所刻（此須目驗，不能據此爲定）。宋金締約在紹興十二年，前此和議未成，江淮一帶彫敝已甚，且有旦夕之危，興國不容有大舉刻書之事也。故建安余氏、興國于氏二本，廖剛皆不及見之。又廖刻《九經》雖亡，盱郡重刊尚存《論語》、《孟子》二種，注文末時附朱文公音，即《沿革例》中《總例》「音釋」條所謂「若《大學》、《中庸》、《論》、《孟》四書則併附文公音於各章之末」（相臺本《禮記》中之《大學》、《中庸》二篇亦附文公音，循廖刻之舊也）。而朱注《四書》首刊于紹熙元年，非廖剛所得見，其事尤顯，故世綵堂《九經》斷非廖剛所刻也。

珂復取廖本《九經》，增以《公》、《穀》二傳及《春秋年表》、《春秋名號歸一圖》二書，校刊於相臺家塾，並述校刊之意作《總例》一卷。

按《總例》爲廖氏《九經總例》之原文，具如前述。

余仁仲《左傳》、《字辨》嘗論其誤，以《杜注》「不皆與今説《詩》者同」倒寫爲「皆不與今説《詩》者同」，則尚見原刻。今則諸經印本率已罕傳，僅王弼《易注》有翻刻之本，已失其真。《春秋年表》及《名號歸一圖》有重刻之本，亦頗非其舊。惟此《總例》一卷尚行於世。（下略）

按熊文登《字辨》刊於順治十七年，是清初學者猶見余仁仲《左傳》，考校異同。余氏刻《九經》在紹熙間，廖刻即本於此，岳氏又仿廖刻，展轉繙雕年代已遠（按廖刻《九經》雖據建安余氏、興國于氏二本，而大體以余本爲主。蓋廖氏本閩人，其所習者然也。觀相臺《禮記》卷九《玉藻》、卷十一《樂記》、卷十二《雜記》上下、卷十三《喪大記》後皆有「興國本附見于此」之文，知所采爲余氏本。若岳氏增刻《公》、《穀》二傳亦取建安余氏本，則或以興國于氏無此二種。要之，岳刻諸經當與余仁仲本不甚相遠，除音釋繁簡不同外，經注之文殆無大差別也）。《易注》翻本未見，上海涵芬樓藏相臺本《周易注》，孟森先生以其「宋諱無一缺筆，與一切宋本書不同」，疑非原刻（實則岳本皆不避宋諱）。書中有「翰林院典籍廳關防」，當是四庫館撥存之書，或即館臣所見之本耶？又《春秋年表》、《名號歸一圖》兩書，宋代已多刊本，後世重刻尤夥，館臣所見未必即出於相臺之舊也。

世綵堂《九經》爲廖瑩中所刻，證據明顯，《四庫總目》改定爲廖剛，遂多不可通。《文溯閣四庫全書原本提要》（鉛印本卷二十）字句與通行本《總目》頗有不同，如云：

宋時《九經》刊本以建安余氏、興國于氏二本爲善，後廖剛又加參訂而版行之，當時稱爲精審，其沿革所由具見於《總例》。珂又取廖本《九經》增以《公》、《穀》二傳及《春秋年表》、《春秋名號歸一圖》二書，校刊於相臺書塾，並爲述其「總例」，補所未備。今刊本已亡，而《總例》獨存，因遂單行於世。

此以《總例》爲廖氏之舊，可謂獨具會心，然與廖剛刻書説益形抵觸。按《總例》「書本」、「字畫」兩條多襲用魏鶴山《六經正誤序》之文。其《序》作於寶慶初元，所記毛居正乾淳間進《增注禮部韻》、嘉定辛巳刊正《監本六經三傳》等事，皆在紹興以後。又「考異」一條標目下注云：「《石經》亦别有《考異》一卷，今仿之。」而「書本」條直引晁公武《石經考異序》文（見《全蜀藝文志》卷三十六范成大《石經始末記》），則作於乾道庚寅者也。此外如「字畫」條論及李從周所書古韻，「考異」條論及真西山《文章正宗》，皆與廖剛之時代顯然不合，則仍不能自圓其説也。

《文溯閣本提要》篇末題「乾隆四十七年五月恭校上」，乃就繕進之日言，其定稿與通行本《總目》孰爲先後今不可知，要其立説不能圓融則兩者如一。凡此種種牴牾，在館臣未必不知之，而終竟如此者，則以不敢廢棄相臺書塾爲岳珂之説也。按乾隆四十年正月欽定《天禄琳琅書目》既以相臺書塾爲岳珂（見卷一），同月丙寅諭軍機大臣等，詢問建安余氏勤有堂始末，又有「考之宋岳珂相臺家塾論書版之精者稱建安余仁仲」等語（見王先謙《東華録》乾隆卷八十一）。時正在《四庫全書》開館纂修期間，在事諸臣希意承旨之不遑，寧敢有所違異？而既定相臺書塾爲岳珂，則於廖氏世綵堂不得不上移，遂以爲廖剛。卒致左右彌縫，一無是處。此種官僚習氣在《四庫總目》中往往見之。如《契丹國志》提要首云「葉隆禮淳祐七年進士」，而末云「書爲奉宋孝宗敕所撰」，其爲誤失，館臣豈不知之（參考程晉芳《勉行堂文集》卷五《契丹國志跋》），而不爲考正者，則以乾隆四十六年十月十六日内閣奉上諭有「是書既奉南宋孝宗敕撰」云云（見《總目》卷首辦理《四庫全書》歷次聖諭），遵從而不敢改也。自來帝王吐詞爲憲，苟與真理相違，亦鮮有不失敗者矣。

五　荆溪家塾與岳仲遠

《天禄琳琅書目》卷一：

春秋經傳集解四函，三十二册

諸卷末有木記，曰「相臺岳氏刻梓家塾」，或曰「相臺岳氏刻梓荆溪家塾」，爲長方、橢圓、亞字諸式，具大小篆、隸文。蓋南宋岳珂乃飛孫，本相州湯陰人，故以相臺表望。南渡後徙常州，今宜興有珂父霖墓，故家塾以荆溪名。珂校刊《九經三傳》，著《沿革例》，讎勘最爲精覈。

此就地望考岳氏主名，其法至善。惟泥於前人成説，先認定爲岳珂，卒致徒相比傅，毫無徵驗。錢儀吉《衎石齋記事稿》卷四《跋棠湖詩稿》：

棠湖之名，諸郡國往往有之。《岳忠武傳》云：「居母憂，扶櫬還廬山。」《桯史》云：「余居負山，在湓城之中。」是岳氏南渡後居今江西之德化，所謂「負山」者，其柴桑之山歟？此棠湖即唐李渤甘棠湖故址，一名景星湖，又名南湖者也。倦翁撰《籲天辨誣》之書，取吾邑金陀坊以名其編，蓋嘉定間守檇李，有别業存焉。然觀《己亥初還故居》詩云「元是廬山莫逆交，官亭西畔著衡茅」，是晚歲仍歸湓城也。

錢氏嘗欲撰倦翁年譜，雖未成書，考其行事則甚晰。此論岳氏居里至確，各書涉此者皆與之合，今不具録。《天禄》謂「南渡後徙常州」，説殊無據。今宜興有珂父霖墓，在邑東北四十里唐門村，見府、縣志及《大清一統志》，然乃唐門岳氏僞託。岳霖紹熙十年（壬子）卒於廣州，珂方十歲，侍母護喪北歸，越五嶺，舟過章江，回江州故宅。此後珂長期居此，絶無東葬父宜興之理。《玉楮集》卷三有《予歸未省松楸，將以初秋望前汎湖之龍門》篇題，是霖墓當在江州龍門。《玉楮集》卷八《問道宜興》二首至《張公洞》二首諸詩，乃嘉熙四年珂初經其地所作，並無掃父墓之事，蓋僞墓此時尚未建。然則「荆溪家塾」之稱與珂絶不相符，相臺經傳不惟非珂所刻，且亦不出於珂之子孫也。

荆溪水名，在今江蘇省宜興縣南，以近荆南山得名，上承永陽江，下注太湖，流域頗廣。清代曾析其地設縣，民國以後復併入宜興。岳氏著籍其地不知始於何代，然其得附於相臺郡望則在元初，有岳浚字仲遠者，即刊《九經三傳》者也。

鄭元祐《遂昌山人雜録》：

義興岳君仲遠父家唐門，其上世本田家，至仲遠所生父與其叔皆宋京學上舍，家揆非過厚而能折節下士，賓客至如家焉。故南北士大夫無不至其家者。南士若牟誠甫先生、蔣泰軒、蔣竹山先生、姚子敬先生、羅壺秋先生，其顯者若趙文敏公至與之昏因。當世貴官如高房山尚書、廉端甫國公、李息齋學士、其從兄李信庵處士、鮮于伯機經歷，仲遠皆傾身與之交。然自至治已後，郡縣狼牧羊，家事日不如日。後爲漢陽縣尹，坐掠死非辜，遭降黜，郁郁而没。仲遠昆季凡十三人，皆零替不振。回首未二十年，宜興諸富家亦相次淪落。是皆廢興雖有命，然爲官司所朘剥，雖積銅爲山尚不給，況齊民乎？

宜興隋唐曰義興，宋避太宗諱改，此曰「義興」，從其古稱。仲遠名浚，見下引方回詩文。云「其上世本田家」，猶曰「其先代爲土著，無顯達」，可見其非岳鄂王後裔。蓋至浚之諸父始爲太學生，至浚始折節讀書，友天下士也。《遂昌雜録》又云：

余未成童時，从臧湖隱先生讀書。先生，宋京學生也，有屋六七間，與岳墳相對。時岳墳塌圮，江州岳氏諱士迪者，宋迪功郎，於王爲六世孫，與宜興唐門岳氏通譜，合力以起廢，墳廟與寺復完整。……

鄭元祐少長西湖，流寓姑蘇，嘗客宜興、無錫甚久，故知唐門岳氏之事甚詳。元祐以至正二十四年卒，年七十一，則當生於前至元二十九年（見《四庫全書總目·遂昌雜録提要》），此記其幼年事，當在元成宗時。宜興岳氏與鄂王後裔通譜正在此時。元祐作《重建精忠廟記》（至元六年，見《岳廟志略》卷九）及陶宗儀《輟耕録》卷三「岳鄂王」條，亦皆記江州與宜興州岳氏通譜事。是鄂王子孫之在江州者漸以衰微，又去杭州遥遠，不能守護墳廟，時宜興岳氏方豪富，折節下士，其聲氣又廣，既與之通譜，卒藉其揆力以修復之也。此事方回所作《岳墳褒忠衍福寺復業記》（大德九年）記之尤詳，云：

邇歲乃有寺僧與其後之爲僧者，蕩無戒律，典售毁拆，靡所不爲，墳荒寺廢，業屬他人。大德五年辛丑，岳氏之長彭澤令適，俾其侄前廣濟尉宗元，自九江來任復業之責。宗人之居宜興者，前武學生立武及其龜山長浚，供其費，遂盡復墓若寺之舊。……是役也……協力以迄於成者，上舍君之伯侄也。劬瘁五載，忘家以集事者，廣濟君也。……（見《岳廟志略》卷九）

龜山長浚即仲遠，前武學生立武即《遂昌雜録》所謂其叔宋京學上舍也。王圻《續文獻通考》卷六十一「學校考·書院」：

龜山書院，在常州府城東南六里，宋楊時寓常州，講道於此。紹定間，郡守鄭必萬增創其舊書堂爲書院。元設山長。

元郭天錫《手書日記真迹》（《古學彙函》本）：

（至大元年九月）十三日晴。湖州文端甫來，同王、趙二兄過訪，偶出不及迎肅。龔子中折簡相招晚酌，會宜興岳仲遠山長、沈國良、岳德敬、趙心甫、李奏差、蒙古郭元静、岳舍人、楊以吾。蓋諸人送子中閣中，岳氏自鄉中來。酒未盡，以夜禁而歸。

則岳浚必嘗主講龜山書院，故稱山長，蓋一經學修明之士也。

方回《桐江續集》卷二十一《讀孟君復贈岳仲遠浚詩勉賦呈二公子》：

維岳武穆王，復讎議不合。老檜賣中原，神龍困蟻嚼。維孟忠襄公，緩兵策弗納。清之三京師，萬衆死者卅。憸黨梗國論，孰與噬而嗑。世事可流涕，循至虞不臘。秦鄭兩奸駔，百年棺已闔。骨朽遺臭在，厥後極茸闒。岳氏家幾傳，陽羨溪山匝。故書三萬卷，金石爛模拓。孟氏神童孫，卜宅占苕霅。詩聲鸞鳳鳴，衆作掃蛙蛤。猗歟先王公，百戰動摧拉。身在國庶幾，心與天響答。造物報勛奝，縱未黄其閣。各各神仙姿，不受塵土雜。臭味崇芝蘭，情誼篤鶼鰈。著我珠玉間，鬢蓬愧衰颯。冷話暗燈火，清宴倒壺榼。時憑城邊樓，同望湖外塔。二豪馬蹄花，春堤厭蹴踏。……

此詩作於元貞二年（丙申）春，時方回寓居杭州。孟君復年三十三歲（並見《桐江續集》卷二十一），仲遠之年當亦相若。君復爲孟珙之後，仲遠則自附爲鄂王之後，兩人者皆少年豪杰，雄姿英發。君復好作詩，仲遠則耽悦墳典。「故書三萬卷，金石爛模拓」，亦可以想見其收藏之富。詩不言《九經》，蓋刻梓猶在此後。又《桐江續集》卷二十八《送岳德裕如大都》：

岳忠武王炎興中，才誇光世、俊、世忠。人見百戰百勝功，孰知洙泗儲心胸。奸檜忮忍摧英雄，秦賊之臭傳無窮。忠武馨香迥不同，鬼神呵護垂箕弓。子子孫孫有祖風，允文允武足臨容。敦以閲樂詩書崇，維德裕甫明且聰。昭文大學其宗公，招之使來有秋鴻。賢父賢兄笑顏紅，酌酒臚别浮金鐘。有馬有車舟有篷，脯臘湩酪羊豕熊。藕蓮梨棗蘋藴莳，罍之俎之籩豆豐。文賓詩客罔不從，載祀而行氣如虹。浙之西而淮之東，中原廣大堯民雍。鄒魯齊趙森儒宫，默會寸心豁雙瞳。……我有一言如藥石。後生仕宦非所急，明時用人略梯級。况乃要路薦引密，集賢翰林真可得。我身自有本來物，官小官高何損益。君家萬卷刻書籍，此事乃一大功德。陶鑄青衿千百億，歸而求之不鑿壁。一燈可費十年力，然後自觀語與默。一默浩養百蟲蟄，一語九霄轟霹靂。

方回此詩作於大德九年（乙巳）秋末，時正岳墳褒忠衍福寺復業畢工之際，故諸岳咸集於杭州。德裕事跡無考，殆德敬（見《郭天錫日記》）之兄弟行，皆仲遠之弟也。仲遠昆季凡十三人，惜其次第不可考。云「昭文大學其宗公」，蓋即《復業記》之前武學生立武。云「賢父賢兄笑顔紅」，則兼指仲遠而言。時因營建祠墓皆先在杭，故云「招之使來有飛鴻」，云「浙之西而淮之東」也。至若「君家萬卷刻書籍」、「歸而求之不鑿壁」等語，則轉而頌揚仲遠之言，其所指當即刻《九經三傳》之事矣。

鄭元祐《僑吴集》卷八《送岳山長序》：

至元仍紀元之四年，義興岳君德操由縣學教諭改授紹興路和靖書院山長，行有日矣。某嘗館於其長兄漢陽君之家，見其家丘園室廬、篁樹封植，莫非數百年故物也。人言其完盛時，延致名德鉅儒讎校群經，鋟諸梓，且訂定音訓，傳各經以傳海内，海内號爲「岳氏《九經》」。於時，德操父兄子弟褒衣大帶，譚詩書，説禮樂，自浙以西推雅尚好修之君子，必曰岳氏云。十餘年間，德操諸兄相繼淪謝，重以有司誅求朘剥，而一家無復曩時之彷彿矣。德操後諸兄出登仕版。人世消長榮瘁不足言，當觀其所存者何如耳。……

此文作於元順帝初年，距大德末岳刻《九經》時已三十餘年。漢陽君即岳浚，鄭元祐壯年嘗館於其家。此文多門面語，唐門岳氏爲暴發户，與江州岳氏通譜，鄭元祐言「丘園室廬莫非數百年故物」，是岳氏子弟之所樂聞者。岳刻群經乃翻廖瑩中本，讎校是廖氏事，「訂定音訓，傅各經以傳海内」，指廖氏删改陸德明《經典釋文》，以及《四書》則並附朱文公音。鄭元祐在岳浚延致之列，自知其詳，不便説明，故托之「人言」也。《僑吴集》卷八《送岳季堅序》：

昔者義興岳氏，由其前人銖寸積之，至於漢陽君而始大。方宋内附初，漢陽君以其所學游公卿間，尊彝罍鼎，書策琴瑟，其辯博賞識既足以駭動一時，然必本之以忠厚之懿美，濟之以封植之久大。故浙以西人字君曰仲遠，而稱之不容口。數十年來，漢陽君物故，岳氏竟爾銷謝而不復能有其家矣。名榆字季堅者，君之季子也。……

此文記岳浚事較詳，並及其幼子。浚昆季十三人，如德裕、德敬、德操等皆以德字敘行輩，浚獨字仲遠。蓋浚年較長，早歲已露頭角，即以仲遠稱也。《僑吴集》中詩文關涉岳浚宗族親戚者較多，今不能盡引。觀其大略，岳家之傾覆，初以地方官吏無厭之剥削，繼之以戰禍。元順帝至正十三年五月，泰州張士誠據高郵自稱王。十二月，濠人朱元璋起兵據滁州。十六年二月，張士誠陷平江，兼及湖州、松江、常州諸路，據之。十七年三月，朱元璋陷常州。已而，徐達徇宜興，攻常熟，張士誠戰敗被擒。義興在戰爭中破壞嚴重。《僑吴集》卷七《張吴令像贊序》：

曩予客荆溪，主岳仲遠。……無何淮甸兵興，而荆溪遂爲戎首，向所謂田園室廬盡爲瓦礫。……

荆溪更世變，成爲丘墟，岳刻《九經》書版自然已化灰燼，其書畫易於蘊藏或移動，偶有存者。《僑吴集補遺》有《題岳家舊藏高彦敬雲山圖》：

千柱華榱淇渌堂，只今衰草野田荒。空餘寶玩誰開闔，一疊雲山淚一行。……

鄭氏對此，不勝今昔盛衰之感。傳世有唐王方慶《萬歲通天進帖》一卷，清代刻《三希堂法帖》時摹入。上有「岳浚」二字橢圓白文小印。此帖宋淳熙六年（己亥）岳霖从韓莊敏家易得，岳珂有贊，《寶真齋法書贊》卷七著録。疑是岳氏通譜時，江州贈予唐門之紀念品。文徵明跋曰：「此書世藏岳氏，元代在其幾世孫仲遠處。」知仲遠之名明代收藏家猶識之也。

岳浚折節下士，一時名士多至其門，故今日於元人文集中往往見有篇什涉及之者，間嘗輯而存之，以與本題所討論者無關，不録於此。明毛憲、葉金編撰，吴亮增修之《毗陵人品記》（萬曆四十六年刻本）有：

岳浚字仲遠，宜興人，飛九世孫。博學好義，爲石門縣尉，未幾乞歸侍親。積書萬餘卷，延好學之士恣其檢閲，一時名士多游其門。

浚爲石門縣尉，它書皆未載，蓋其降黜以後之官，羞言之也。云「飛九世孫」亦謬，古人以三十年爲一世，岳浚與岳飛相距一百二十年，通譜自貶何至於稱九世孫？推測作者之意亦猶云「昭穆無考」或「世次不明」而已。清人所編之姓氏書，如熊峻運《新纂氏族箋釋》、周魯《姓氏譜詳注》、蕭智漢《歷代名賢列女氏族譜》等書，以及商務印書館編輯之《中國人名大辭典》，關於岳浚皆抄襲此四十九字。岳氏非鉅族，古代聞人不甚多，浚蓋鄂王外第一人物也。

荆溪岳氏刻《九經三傳》，據方回詩當在大德間，時宋亡已久，故不避宋諱。史語所清理内閣大庫殘餘檔案，嘗得《禮記》三葉（卷九《玉藻》第五至七葉）、《周禮》四葉（卷七《夏官》上第八至十一葉），楮如玉版，墨如點漆，信原刻初印。其「玄」、「竟」、「匡」、「桓」、「均」等字皆不缺筆。涵芬樓藏相臺本《周易》，孟森先生作《校記》，云：

宋諱全不避，可斷定爲宋以後一種翻刻。或據紙式墨色字體等等，以審定其是宋非宋，此賞鑒家之事，非吾所知。

史學家之態度，與鑒賞古玩、附庸風雅者自屬不同。今寫此篇，蓋多得孟先生之啓牖焉。又相臺刻工如朱子成等皆見於元刻磧砂本《大藏經》中，亦開版時地相近之證。以範圍太廣，翻檢過煩，未遑從事。世有好事者，可一一輯而録之，以驗今立説之不妄也。

六　廖、岳所刻經數

世綵廖氏所刊爲《九經》，相臺岳氏所刊爲《九經三傳》，世習知之矣。顧以閲世久遠，傳本稀微，其所刊果爲何經，則罕言之者。今分析《九經三傳沿革例》，參以傳本，定著其書名如下：

《孝經》一卷——唐玄宗皇帝御注。

《論語》十卷——魏何晏集解。

《孟子》十四卷——漢趙岐注。

《毛詩》二十卷——漢鄭玄箋。

《尚書》十三卷——漢孔安國傳。

《周易》十卷——魏王弼、晉韓康伯注。《周易略例》王弼撰，唐邢璹注。

《禮記》二十卷——漢鄭玄注。

《周禮》十二卷——漢鄭玄注。

《春秋經傳集解》三十卷—晉杜預集解。

以上廖氏《九經》。原刻次第不可知，因係家塾讀本，其經數又與孫奕《九經直音》適合，乃據《直音》之序排列之。

《春秋公羊經傳解詁》十二卷——漢何休解詁。

《春秋穀梁傳》十二卷——晉范甯集解。

以上二傳岳氏增刻。

《春秋年表》一卷——宋環中撰。

《春秋名號歸一圖》二卷——蜀馮繼先撰。

以上二書岳氏附刻。

廖氏所開《九經》流布未久，元版散落不復存，故在元初已不易覓全書。近代著録，僅《天禄琳琅》有《左傳》一部，今已不存。元盱郡重刻殆屬全書，並及《九經總例》，而傳世甚稀，著録亦罕。今幸《論》、《孟》二種猶得珍藏，影印行世，藉以識廖本之面目。相臺所刻，自明嘉靖時已屬珍異，華夏、豐坊皆一代真賞，收藏宏富，而極重其《左傳》一書，其爲罕見可知（見《真賞齋賦注》）。清代天禄蘊儲獨夥，乾隆四十八年既仿刻《易》、《書》、《詩》、《禮記》、《左傳》及《春秋年表》、《名號歸一圖》爲《相臺五經》，嘉慶間續編《書目》卷三復著録《論》、《孝》、《孟》三種。《論語》有相臺木記，爲岳刻無疑。《孝經》今歸建德周氏，有仿刻本及影印本，雖非岳刻，確出廖本。若《孟子》亦無相臺木記，疑與《孝經》爲同類，惜乎若存若亡，不可考驗矣。相臺《周禮》，士禮居舊藏殘本（存《地官》、《春官》、《夏官》，見《士禮居重雕嘉靖本校宋〈周禮〉札記》），史語所亦藏《夏官》上四葉（版心記刻工爲「王」與「圭」字二種，知此四葉皆王圭所刻也），惟在今日已無完書。然明代有翻刻本（今影印入《四部叢刊》中），影覆工細，逼真原本，雖每卷末岳氏牌記不存，其版心所記刊工與静嘉堂文庫所藏相臺《左傳》殘本同（如盛允忠、王圭、拱昌等，皆兩書互見），知確出於岳氏本也。然則廖刻《九經》今日皆可得其形似，所不傳者僅岳氏增刻之《公羊》、《穀梁》二傳耳。《公》、《穀》二傳自唐以降久成絶學，故廖氏置而不刻，岳氏取建安余氏本，雖曰「合諸本再加考訂」，視原本當相去無幾。今余仁仲本《公羊》、《穀梁》傳世尚多摹刻（汪喜孫、黎庶昌）、影印（涵芬樓《四部叢刊》），流布已廣，則此岳刻二傳雖亡猶不亡也。

廖氏《總例》，綜《九經》諸本互異，分類舉例，頗有條理。凡所考訂參午錯出，各經繁簡不一。《孝經》簡短，唐玄宗御注傳世尤多善本（石臺原本及各石本），故《總例》未涉及此經，僅「字畫」條偶一論李從周所書文公《孝經刊誤》之純用古體而已。相臺本《孝經》，阮元《十三經校勘記》收之，行款與他經同，卷末有木刻亞形篆書「相臺岳氏刻梓荊溪家塾」牌記。天禄舊藏《孝經》今歸建德周氏者，行款字體雖似岳本，而卷尾無牌記，每葉欄外無耳題（即《五經萃室記》所謂「每頁之末傍刻篇識」者）爲異。《天禄琳琅書目續編》按藏書印記《論》、《孝》、《孟》三書多相同，知流傳出一家，因定爲岳版（皆有「晉府書畫之印」，即《季滄葦藏書目》開卷第二種，所謂岳倦翁本也），實則未碻。今考其版心所記刻工爲「翁」與「壽昌」二種。按世綵堂韓文刻工有「翁壽昌」，屢見不鮮，亦或分離姓名爲「翁」與「壽昌」，其簽字體勢與《孝經》完全相同，因知此《孝經》出於廖刻，其原本必翁壽昌一手雕成也。相臺、盱郡重刻廖氏各經，版框外皆有耳題，必廖本本來如此。又廖刻《左傳》每卷後有牌記，此皆無之。廖刻韓柳文版心下方分二層，下記刻工，上刻「世綵堂」三字，所開《九經》當亦如此。此《孝經》刊工上層界格雖存，而無「世綵堂」三字（相臺、盱郡重刻諸經此處亦存空格無字），且宋諱全不避，故不敢定爲廖刻原本，然廖氏《九經》有《孝經》則可無疑矣。古者翻版禁例未周，書有善刻群起仿效。世習聞相臺覆廖本，盱郡重刻知者已罕，若此本更在二者之外。相臺、盱郡二本皆自勒工名，此則概從影覆，斯又雕版風氣之不同已。

自漢已來，儒者相傳但言《五經》，而唐時立之學官則云《九經》者，《三禮》、《三傳》分而習之，故爲「九」也（參考顧炎武《日知録》卷十八「十三經注疏」條）。宋興猶仍唐制，神宗用王安石之言，士各占治《易》、《書》、《詩》、《周禮》、《禮記》一經，兼《論語》、《孟子》，是時《儀禮》、《春秋》皆廢，不列學官。元祐初始復《春秋左傳》，而《儀禮》未復（參考《宋史·選舉志》及《日知録》卷七「九經」條）。此後宋人謂《六經》爲《易》、《書》、《詩》、《周禮》、《禮記》、《春秋左氏傳》（楊甲《六經圖》、黄唐《禮記正義跋》），而《春秋》與《三傳》分別言之則爲《六經三傳》（魏了翁《六經正誤序》）。《朱子語類》卷八十四《論修禮書》：

問：聞郡中近已開《六經》？曰：已開《詩》、《書》、《易》、《春秋》，惟二《禮》未暇及。……《周禮》自是一書，惟《禮記》尚有説話。《儀禮》禮之根本，而《禮記》乃其枝葉。《禮記》乃秦漢上下諸儒解釋《儀禮》之書，又有他説附益於其間。……《儀禮》舊與《六經三傳》並行，至王介甫始罷去。其後雖復《春秋》，而《儀禮》卒廢。今士人讀《禮記》而不讀《儀禮》，故不能見其本末。……

此宋人所謂《六經三傳》無《儀禮》之故也。《孟子》列於學官，自唐末皮日休已有此議（見《皮子文藪》卷九《請孟子爲學科書》），宋儒多重是書，王安石爲政遂進之爲經，並以試士。司馬光雖著《疑孟》以詆其書，又請退爲諸子，更不試大義

（《温國文正公文集》卷五十二《起請科場劄子》），而卒未廢黜。王應麟《玉海》卷四十二「藝文·經解」：

……至唐貞觀中，答那律淹貫群書，褚遂良稱爲「九經庫」，「九經」之名又昉乎此。其後明經取士，以《禮記》、《春秋左傳》爲大經，《詩》、《周禮》、《儀禮》爲中經，《易》、《尚書》、《春秋》《公》、《穀》爲小經，所謂《九經》也。國朝方以《三傳》合爲一，又舍《儀禮》而以《易》、《詩》、《書》、《周禮》、《禮記》、《春秋》爲《六經》，又以《孟子》升經、《論語》、《孝經》爲三小經，今所謂《九經》也。

此述《九經》，首唐制，次則熙寧以降之制也。廖瑩中與王應麟同時，故其所刻經數與次者相合。廖氏《總例》「音釋」條有自注云：

《左傳》本不可以言經，今從俗所謂「汴本《十三經》」、「建本《十一經》」稱之。

自唐以後，已無傳記之分，統稱爲經，故有「汴本《十三經》」、「建本《十一經》」之稱。廖氏稱《左傳》爲經，而意有未安，又下此注脚，然於《孟子》何獨無解，斯亦未達一間矣。

岳氏《沿革例》「考異·公羊穀梁傳」條云：

《春秋三傳》於經互有發明，世所傳《十一經》蓋合《三傳》並稱。乾淳間，毛居正嘗參校《六經三傳》，當時皆稱其精確，刊修未竟中輟。廖氏刊《九經》，未暇及《公羊》、《穀梁》二傳，或者惜其闕焉。因取建余氏本，合諸本再加考訂，與《九經》並刊，「句讀」、「字畫」悉用廖氏例。……

廖氏所謂「建本《十一經》」，蓋即指余仁仲所刻，岳氏仿刻廖本《九經》，增以余氏《公》、《穀》二傳，是僅復「建本《十一經》」之舊。而謂之《九經三傳》者，乃以《春秋》經傳分而計之，猶之《六經三傳》也。其不曰《十一經》而曰《九經三傳》者，蓋亦有故。岳氏鳩工之始乃仿刻廖氏《九經》，《沿革例》卷端之引語明白可見。既已竣事，乃增刻《公》、《穀》二傳，又以《春秋年表》、《名號歸一圖》附之。廖氏《九經》頗享盛名，既仿成例，當循其舊稱。且廖氏舊有《九經總例》一册，岳氏存以爲證，無所增損，而開卷「書本」條「《九經》本行於世多矣」云云，改之則與全例文字不相應，故取廖氏《九經》舊名，增以「三傳」二字，連結用之，一以存《九經總例》之舊文，一以示《三傳》合刻之新作。實則所刻可稱爲《九經》（《春秋》三傳併爲一經），可稱爲《九經三傳》（《春秋》及《三傳》分而爲四），亦即建安余仁仲之《十一經》也。黄震《慈溪黄氏日抄》分類目録卷一至三十一，爲讀《九經三傳》，其經數與此合，知在宋代已有此例也。

《日抄》卷九十一《修撫州儀禮跋》：

《儀禮》爲禮經，漢儒所集《禮記》其傳爾。自《禮記》列《六經》，而《儀禮》世反罕讀，遂成天下難見之書。

是宋人鮮刻《儀禮》之證。清張宗泰《魯巖所學集》卷十一《跋九經三傳沿革例》：

特是其書既以《九經三傳》標題，則《儀禮》自在其中，乃無一字説及，何也？

宗泰可謂善讀書人，然論《九經》不分唐、宋，不知其時所謂《九經》者本無《儀禮》也。近代考究版本之學者，時謂《三禮》有明嘉靖間重刊相臺岳氏本，嘗見於朱學勤《結一廬書目》中。張鈞衡《跋沿革例》亦有是説。大抵皆以明覆岳本《周禮》與嘉靖間徐刻《儀禮》（有《四部叢刊》影印本）混爲一談，以其版式字體不無相似也。葉德輝《郋園讀書志》卷一「周禮十二卷明嘉靖覆宋岳珂本」：

明仿宋大字本《三禮》有二，一爲仿宋岳珂《九經》本，一爲嘉靖仿宋本，皆半葉八行，行十七字。岳本附釋音，與諸經同。嘉靖本不附釋音，每卷末多經注字數夾行。

然檢《觀古堂藏書目》，實無明仿岳本《儀禮》、《禮記》二種。蓋得《周禮》，遂以爲同時所覆必具《三禮》，不知岳氏原刻初無《儀禮》也。《四部叢刊例言》：

版本之學爲考據之先河，一字千金，於經史尤關緊要。兹編所采録者，皆再三考證，擇善而從。如明徐氏仿宋刻本《三禮》，明人翻宋岳珂本《九經》，徐刻《周禮》不如岳本之精，岳刻《儀禮》又不如徐本之善，皆非逐一細校不能辨其是非。

此《例言》之作，葉德輝嘗參末議（見《書林餘話》），故此條議論與《郋園讀書志》同，然實欺世之談。明人翻岳本《九經》絶無見者，決非事實，況所謂《九經》者本無《儀禮》乎！

癸未季冬寫於南溪李莊板栗坳

（據《張政烺文集·文史叢考》［中華書局二〇一二年四月］録。原載《中國與日本文化研究》第一集［中國大百科全書出版社，一九九一年六月］）